Hamburger Rechtsstudien

herausgegeben von Mitgliedern der Rechts- und Staatswissenschaftlichen Fakultät der Hansischen Universität

Heft 39

(Aus dem Seminar für Strafrecht und Kriminalpolitik
der Hansischen Universität.
Direktoren: Prof. Tesar und Prof. Sieverts.)

Der medizinische Sachverständige im hamburgischen Strafverfahren

Ein geschichtlicher Überblick bis zu den Reformen am Anfang des 19. Jahrhunderts

von

Dr. iur. Fritz Clamann

Hamburg
Friederichsen, de Gruyter & Co.
1940

D. 18.

Druck von Niemann & Moschinski, Hamburg 23, Kantstraße 18/20.

Inhaltsverzeichnis.

A. Einleitung 7

B. Hauptteil 9

I. Außerhamburgisches Verfahrensrecht bis zum 15. Jahrhundert 9

1. Der medizinische Sachverständige im römisch-italienischen Recht 9
   a) Römisches Recht 9
   b) Kanonisches Recht 9
   c) Recht der Postglossatoren 10
2. Der medizinische Sachverständige im germanisch-deutschen Recht 11
   a) Germanische Stammesrechte 11
   b) Mittelalterliche deutsche Stadtrechte 12

II. Die älteste Zeit des hamburgischen Rechts bis zum Anfang des 16. Jahrhunderts 15

1. Der medizinische Sachverständige im hamburgischen Stadtrecht von 1497 15
2. Anzeichen einer älteren Gerichtspraxis 15
   a) Vermerke in den Kämmereirechnungen 15
   b) Rückschlüsse aus dem außerhamburgischen Recht 16
3. Die Aufgaben der Sachverständigen 19
4. Der Inhalt der Gutachten 22
5. Das gerichtliche Verfahren bei der Einholung der Gutachten 22
6. Die Bedeutung der Gutachten als Beweismittel 23

III. Das 16. und 17. Jahrhundert 26

1. Vorbemerkung über die seit dem 16. Jahrhundert in Hamburg als gerichtsmedizinische Sachverständige vorkommenden Personen 26
2. Die Reformbedürftigkeit des Stadtrechts und seine Angleichung an das gemeine Recht 27
3. Der Ratschirurg als Sachverständiger 28
   a) Einführung des Wundberichts 28
   b) Der Klagzettel 30
4. Die Physiker als Sachverständige 32
5. Die Ratshebamme als Sachverständige 34
6. Die Aufgaben der Sachverständigen 34
7. Der Inhalt der Gutachten 36
   a) Die Gutachten des Ratschirurgen 36
   b) Die Gutachten der Physiker 37
8. Das gerichtliche Verfahren bei Einholung der Gutachten . . . 38
9. Beibringung ärztlicher Gutachten durch die Parteien 39
10. Die Bedeutung der Gutachten als Beweismittel 40

IV. Das 18. Jahrhundert bis zu den Reformen in den 90er Jahren 42
1. Überblick über die Entwicklung im 18. Jahrhundert 42
a) Wachsende Bedeutung der Physikergutachten 42
b) Die Wundberichte und Gutachten des Ratschirurgen . . . 43
c) Die Garwinsche 44
d) Die Gutachten auswärtiger Universitäten 45
2. Die Aufgaben der Sachverständigen 46
a) Unterstützung der Inquisition in allen einschlägigen Fällen 46
b) Die Feststellung der absoluten Tödlichkeit von Verletzungen 46
c) Zuziehung der Ärzte zur Tortur 49
3. Der Inhalt der Gutachten 49
a) Allgemein 49
b) Die Gutachten des Ratschirurgen 50
c) Die Gutachten der Physiker 51
4. Das gerichtliche Verfahren bei Einholung der Gutachten . . . 53
5. Die Bedeutung der Gutachten als Beweismittel 57
V. Die Reformen am Ende des 18. und zu Anfang des 19. Jahrhunderts 61
1. Die Reformarbeiten bis zu ihrem vorläufigen Abschluß in den Jahren 1804/05 61
2. Die Medizinalordnung von 1818 und die Instruktionen . . . 63
3. Die Aufgabe der Sachverständigen 65
4. Bestrebungen zur weiteren Verbesserung der ärztlichen Untersuchungsmethoden und der Gutachtentechnik 65
a) Die Entwürfe zur Medizinalordnung 65
b) Die Instruktionen von 1804/05 und die Medizinalordnung von 1818 66
c) Die Bemühungen des Gesundheitsrats 69
5. Das gerichtliche Verfahren am Anfang des 19. Jahrhunderts . 70
C. Schlußbemerkung 73

A. Einleitung.

Der medizinische Sachverständige hat im heute geltenden deutschen Strafverfahrensrecht eine bedeutungsvolle Hilfsarbeit bei der Aufklärung der Straftaten zu leisten[1]. Diese Stellung des Sachverständigen ist das Ergebnis einer weit zurückreichenden Entwicklung. Die Geschichte des hamburgischen Strafverfahrensrechts bietet ein anschauliches Bild dieses Werdeganges.

Spuren eines Einflusses medizinischer Erkenntnisse auf die Gesetzgebung sind schon in ältester Zeit nachweisbar[2]. Aber die ersten Belege für die Tätigkeit ärztlicher Sachverständiger im gerichtlichen Verfahren stammen aus verhältnismäßig junger Zeit. Die frühesten dieser Art sind drei Protokolle aus der ägyptisch-römischen Zeit über die Besichtigung Verwundeter und Toter[3]. Diese sehr kurzen Berichte wurden in den Jahren 130, 173 und 325 n. Chr. von Ärzten in behördlichem Auftrag erteilt.

Im Rahmen der vorliegenden Untersuchung sind vor allem die römisch-italienischen und die germanisch-deutschen Quellen von Belang. Der Beweis durch Sachverständige war nämlich dort schon lange ausgebildet, ehe Hamburg am Ende des 15. Jahrhunderts zuerst in seinem Stadtrecht die Einholung ärztlicher Sachverständigengutachten für einen bestimmten Fall anordnete; und die hamburgischen Juristen kannten diese Quellen, als sie diese Vorschrift in das Stadtbuch aufnahmen. Sie waren insbesondere mit dem römischen und kanonischen Recht vertraut, wie es seit dem 13. Jahrhundert an den italienischen Universitäten gelehrt wurde. In den ältesten Matrikeln der Deutschen an der Universität Bologna sind seit 1290 Hamburger nachweisbar[4]. Unter ihnen befanden sich auch eine Anzahl Juristen. Andererseits ist der im Stadtbuch zu belegende Einfluß des römischen und kanonischen Rechts auf das hamburgische Recht von 1497 noch bemerkenswert gering[5], während sich zahlreiche Be-

---

[1] Vgl. Gründel, Vorbem. zu §§ 72 ff. StPO.; Mezger S. 2 ff.; Reuter S. 41 ff.

[2] Beispielsweise enthält das Gesetzbuch Hamurabis (um 2250 v. Chr.), bei Winkler S. 33 f., in den Art. 215 ff. mehrere Bestimmungen über die strafrechtlichen Folgen bei Kunstfehlern der Ärzte; desgl. die Gesetzbücher der Israeliten, z. B. Moses, II. Buch, XXI, 17—19, 23; vgl. Michaelis, § 273 S. 23 f.; Hildebrand S. 8.

[3] Veröff. durch v. Neureiter 2) S. 2 ff.

[4] Vgl. Haraeus in Ztschr. IX, S. 562.

[5] Vgl. Lappenberg, Einl. S. 66; Reincke in Bilderhandschrift 1497, S. 16 f.; Trummer, Bd. I S. 12.

ziehungen zu verschiedenen deutschen Rechtskreisen nachweisen lassen[6].

Über das Verfahren, wie es in Hamburg anfänglich bei der Einholung und Bewertung der ärztlichen Gutachten beobachtet worden ist, geben die hamburgischen Quellen nur sehr unvollständige Auskunft. Manches läßt sich hier durch Rückschlüsse aus den in Hamburg bekannten fremden Rechten ergänzen. Es bestehen auch Anhaltspunkte für die Vermutung, daß die Einholung ärztlicher Gutachten in den hamburgischen Gerichten schon längere Zeit üblich war, bevor der Sachverständigenbeweis in das geschriebene Recht aufgenommen wurde. Für diese Zeit kann nur durch Vergleiche mit dem außerhamburgischen Recht ein ungefähres Bild gewonnen werden.

In den folgenden Jahrhunderten wird mit der wachsenden Menge der erhalten gebliebenen Dokumente aus der hamburgischen Praxis der Überblick vollständiger. Einzelne gesetzliche Anordnungen und insbesondere die Eide und Instruktionen der Ärzte sowie die überlieferten gerichtsärztlichen Gutachten selber geben manchen Hinweis. Aber andererseits läßt sich vieles nicht mehr ermitteln, weil Hamburg kein geschriebenes Strafverfahrensrecht gekannt hat[7]. Die einzige Strafprozeßordnung, die in Hamburg geschaffen und in Kraft getreten ist, stammt aus dem Jahre 1869. Bis dahin überließ man den Gerichten die Einrichtung und Weiterbildung des Strafverfahrens und beschränkte sich auf gelegentliche geringfügige Eingriffe[8].

Im folgenden soll zunächst der Versuch unternommen werden, auch für die Zeit vor dem 16. Jahrhundert ein ungefähres Bild von dem in Hamburg gebräuchlichen Verfahren beim Sachverständigenbeweis zu entwickeln. Dazu ist es erforderlich, eingangs das bis dahin außerhalb Hamburgs geübte Verfahren zu untersuchen.

Zuvor ist es mir aber eine angenehme Pflicht, aufrichtig zu danken: Herrn Prof. Sieverts, unter dessen Leitung diese Untersuchung entstand; Herrn Prof. v. Neureiter, auf den die Anregung dazu zurückzuführen ist; Herrn Physikus Prof. Dr. Herman Sieveking, der mich durch wertvolle Hinweise mit seiner reichen Kenntnis des hamburgischen Gesundheitswesens und seiner Geschichte unterstützte; den Herren vom Archiv der Hansestadt Hamburg; Fräulein Dr. Else Hennings, die mir viele nützliche Ratschläge geben konnte; Herrn cand. iur. Wagner, der mir, als ich zur Wehrmacht einrückte, die Besorgung der Korrekturen abnahm.

---

[6] Vgl. Lappenberg, Einl. S. 39 ff.

[7] Eine Zusammenstellung der hamburgischen Gesetze, die einzelne prozessuale Bestimmungen enthalten, befindet sich für die Zeit bis zum Jahre 1692 in der „Akte zur Justizreform". Über den Sachverständigenbeweis enthalten diese Gesetze keine verfahrensrechtlichen Einzelheiten.

[8] Vgl. Westphalen Bd. I S. 264 ff.; Neue Kriminalgesetzgebung S. 403 ff., S. 423 ff.; Grieß Bd. I S. 5 Anm. *.

B. Hauptteil.

I. Außerhamburgisches Verfahrensrecht bis zum 15. Jahrhundert.

1.

a) Weder im römischen Zivil- noch im Strafprozeß ist die Hinzuziehung medizinischer Sachverständiger durch das Gericht im einzelnen ausgebildet gewesen[9]. Die älteren Gesetze wie die Numa Pompilius zugeschriebenen leges regiae (715—673 v. Chr.) und die 12 Tafeln (451—450 v. Chr.) enthalten lediglich einige Bestimmungen, die eine enge Beziehung zwischen medizinischer Wissenschaft und Gesetzgebung erkennen lassen[10]. Auch die römische Gesetzgebung der folgenden Zeit bis zum corpus iuris erwähnt den medizinischen Sachverständigen im Verfahrensrecht nicht.

Das corpus iuris ordnet dagegen in einzelnen Fällen die Einholung medizinischer Gutachten an[11]. Beispielsweise ist in den Digesten Lib. XXV, 4 de inspiciendo ventre custodiendoque partu, 1 pr bestimmt, daß nach dem Tode eines Ehemannes bei zweifelhafter Schwangerschaft seiner überlebenden Ehefrau im Hinblick auf die Erbfolge des nasciturus „tres obstetrices probatae et artis et fidei" die Frau untersuchen und ihre Wahrnehmungen dem Richter mitteilen sollen. Von der Hinzuziehung Sachverständiger im Strafprozeß aber enthält das corpus iuris im übrigen nichts[12].

b) Im kanonischen Recht wird das ärztliche Gutachten im Strafverfahren nur an einer Stelle bei der Beurteilung von Wunden erwähnt[13]; und zwar befindet sich diese Bestimmung in den Dekretalien Gregors Lib. V Tit. XII, Cap. XVIII. Sie behandelt den Fall,

---

[9] Vgl. Klenze S. 103 f.

[10] Z. B. Anordnung des Kaiserschnitts in einer lex regia: Dig. XI, 8, 2 „Marcellus libro vicensimo octavo digestorum, negat lex regia mulierem, quae praegnas mortua sit, humari, antequam partus excidatur . . ."; vgl. Buchner S. 9; Voigt Bd. II § 173 S. 793 ff. Die Rechtsstellung der Geisteskranken in den 12 Tafeln, z. B. tab. VI, 9: „Si furiosus excit, adgnatum gentiliumque in eo pecuniaque eius potestas esto . . ."; bei Voigt Bd. I § 170 S. 714; vgl. Buchner S. 9; Mende S. 30 f., 57 ff., 68 ff.

[11] Vgl. Klenze S. 103; Geib S. 611 ff. Geib weist a.a.O. besonders darauf hin, daß damals selbst bei Giftmorden keine Sektion vorgenommen wurde. Vgl. auch Mende S. 73 f.

[12] Vgl. Klenze S. 104 und 112; Kleinschrod in Arch. V Stück 3 § 4 S. 11; Buchner S. 8; Harnack S. 5 f.; ausführlich Mende S. 70 ff.

[13] Im übrigen kennen die Dekretalien Gregors auch das Gutachten sachverständiger Frauen in bürgerlich-rechtlichen Fällen; vgl. Klenze S. 103.

daß ein Kirchenräuber von Mehreren angegriffen und getötet wird. Die entscheidende Frage soll sein, ob der erste Schlag tödlich gewesen ist, und darüber entscheidet das iudicium peritorum iudicorum. Die Art, wie diese Bestimmung der Dekretalien von dem ärztlichen Zeugnis in einem eingeschobenen Nebensatz spricht, zeigt, daß dem Gesetzgeber das ärztliche Gutachten eine Selbstverständlichkeit war[14].

c) Das mittelalterliche italienische Prozeßrecht hat dann den Beweis durch medizinische Sachverständige weiter entwickelt. Das grundlegende Werk des Albertus Gandinus über das Strafrecht (um 1300), „tractatus de maleficiis"[15] enthält Angaben über die Auswahl und die Aufgabe der Ärzte im Strafprozeß[16]. Mehrere in italienischen Städten erhaltene Aktenstücke dieser Zeit zeigen die Tätigkeit der Ärzte bei der Leichenschau und Wundbesichtigung[17].

Dieses, von den Postglossatoren an den italienischen Universitäten gelehrte Prozeßrecht hat später in Deutschland vielfach als Vorbild gedient[18]. Insbesondere hat der „tractatus de maleficiis" des Angelus Aretinus (gest. 1451), der das bedeutendste strafrechtliche Werk dieser Zeit darstellt[19], die deutsche Rechtsentwicklung beeinflußt. Auch Aretinus bringt in seinem Werk mehrfach Anmerkungen über das ärztliche Sachverständigengutachten im Strafprozeß[20]; aber seine Ausführungen enthalten gegenüber Gandinus nichts Neues mehr: der Sachverständige dient dem Richter im Rahmen der Inquisition als Gehilfe bei der Erforschung des wahren Sachverhalts. Aufgabe der Ärzte ist es vor allem, den Kausalzusammenhang zwischen Verletzung und Tod, sowie bei Verwundungen die Gefährlichkeit der Verletzungen festzustellen. Der Beweiswert des Gutachtens hängt weitgehend von der freien Würdigung durch den Richter ab. Der Richter kann weitere Gutachten anfordern, und der Angeklagte kann die erteilten Gutachten angreifen und widerlegen[21].

---

[14] Vgl. Mende S. 91.

[15] Kantorowicz Bd. II Einl. S. 13 ff.; Hippel 1) S. 19.

[16] § 23 „de homicidiariis et eorum poena", bei Kantorowicz Bd. II S. 304 ff.

[17] Mehrere solcher Gutachten bei Kantorowicz Bd. I S. 340 ff. Beispielhaft ist der von Kantorowicz Bd. I S. 230 ff. mitgeteilte Prozeß, der vom 11. bis 25. Februar 1289 in Bologna anhängig gewesen ist und einen Mordfall zum Gegenstand hatte. Inquirierender Richter war hier Albertus Gandinus selbst. In seinem Auftrage nahmen zwei Ärzte die Leichenschau vor. Ihr Bericht vom 12. Februar ist äußerst kurz und bündig. Er gibt lediglich die Lage der Wunden an und bemerkt zu jeder, ob sie „mortalle" oder „non mortalle" sei.

[18] Hippel 1) S. 19.

[19] Das Werk de maleficiis wurde 1472 zuerst gedruckt; vgl. Savigny Bd. VI S. 480; Hippel 1) S. 19.

[20] Z. B. „. . . medici debeant adhiberi an vulnus sit letale vel cicatrix sit remansura an unus medicus an duo"; Aretinus, tractatus de maleficiis, num. 6 char. 72; ibidem sub tabula primi voluminis maleficiorum: „medicus ad hoc ut possint praestare bonum consilium debent multa considerare . . ., num. 13 char. 76"; ibidem: „medici quomodo eliguntur qui habeant ferre iudicium de vulnere . . ., num. 32 char. 180".

[21] Anschaulich zeigt das Beispiel des Gandinus im § 23 des Abschnitts „de homicidiariis et eorum poena" (bei Kantorowicz Bd. II S. 304 f.) die Stellung der Ärzte in diesem Verfahrensrecht: „Item pone, quod aliquis fuit a pluribus

2.

Im germanischen und deutschen Recht war indessen der Sachverständigenbeweis ebenfalls auf eine eigentümliche Art entwickelt worden.

a) Der zu Anfang des 7. Jahrhunderts niedergeschriebene pactus Alamannorum[22] enthält die Bestimmung, daß bei Zweifeln über die Schwere einer Kopfwunde die eidliche Aussage eines Arztes an Stelle dreier Zeugen den Beweis erbringt[23]. In den leges Alamannorum, die auf Veranlassung Karls des Hammers (Martell) in den Jahren 717—719 niedergeschrieben wurden und eine Neufassung des pactus darstellen[24], findet sich eine ähnliche Vorschrift. Hier ist die rechtliche Würdigung einer Kopfverletzung von der Größe des aus der Wunde entfernten Knochensplitters abhängig gemacht. Wenn nun der Knochen abhandengekommen ist, dann kann seine Größe entweder durch den behandelnden Arzt allein oder an seiner Stelle durch zwei Zeugen bewiesen werden[25].

Die übrigen germanischen Stammesrechte enthalten trotz teilweise sehr eingehender Wundkataloge keinen Hinweis auf das ärztliche Zeugnis[26]. Das überrascht besonders bei dem Gesetzbuch der Friesen aus dem Jahre 802/03[27]. Dieses Gesetz nennt annähernd 160 verschiedene Arten von Verletzungen[28]. Darunter befinden sich Unterscheidungen je nachdem, ob die Haut, „die das Gehirn umschließt", nur berührt oder auch verletzt, und ob der Magen oder Herzbeutel berührt oder verletzt ist[29]. Man sollte meinen, daß in

vulneratus et occisus, nunc medicus, qui fuit adhibitus ad contemplandum vulnera, dicit sacramento praestito, quod ille sit mortuus ex vulnere a Titio sibi illato; potestas vero condemnavit hunc Titium ad mortem ex dicto et contemplatione dicti medici; nunc dicit iste Titius, quod ille non est mortuus ex suo vulnere, sed aliorum, unde petit, quod alii medici peritiores adhibeantur, qui dicant et cognoscant, ex cuius vulnere ille sit mortuus; nunc vero duo vel tres medici peritiores adhibiti dicunt et testificantur, quod ille sit mortuus ex vulnere aliorum. Queritur, an sententia lata contra Titium teneat et valeat an non? . . ." Gandinus beantwortet diese Frage mit der Bemerkung, es dürfe von Anfang an nicht ein Arzt allein, sondern es müßten mehrere herangezogen werden.

[22] Vgl. Eckardt 1) Einl. S. 8.

[23] Monumenta Germaniae Historica Tomi V, part I, pactus Alamannorum, fragmentum I, Art. 1, S. 21; desgl. Eckhardt 1) Abschnitt II Einigung der Alemannen, Art. 1 S. 156 f.

[24] Vgl. Eckardt 2) Einl. S. 6.

[25] Monumenta Germaniae Historica Tomi V, part I, lex Art. 57 codd. A. Ziff. 5 Art. 59 codd. 13 Ziff. 5 S. 116 f.; desgl. Eckardt 2) Heft II, lex Art. 59 S. 40 f. Übrigens enthält das schwedische Uplandslag aus dem Jahre 1296 eine ähnliche Vorschrift: Der Arzt kann durch Eineid 7 Knochensplitter beweisen (Kap. 24, Schwerin S. 146). Weiter ordnet das Uplandslag an: wenn ein einzelner Mann von mehreren überfallen und verwundet wird, „und beweist der Arzt eine Vollwunde, da büßt jeder seine Wundbuße für 3 Wunden" (Kap. 29, Schwerin S. 149).

[26] Vgl. His 2) S. 126 ff.; vgl. auch die Besprechung der übrigen germanischen Stammesrechte bei Mende S. 82 ff.

[27] Vgl. Eckardt 2) Einl. S. 8 und Eckardt 2) Heft 3 Teil 8 S. 61 ff.

[28] Gesetz der Friesen, Art. 22 bei Eckhardt 2) Heft 3 Teil 8 S. 92 ff., 106 ff.

[29] Vgl. die Besprechung bei His 1) S. 301 ff., His 2) S. 126.

solchen Fällen die Mitwirkung der Ärzte in irgendeiner Weise gar nicht zu entbehren war[30].

Die Beispiele zeigen, daß im Rahmen des strengen germanischen Beweisrechts auch für den Sachverständigen Raum war. Man führte ihn als Zeugen ein und gab ihm eine verstärkte Beweiskraft.

b) Das deutsche Recht hat aber noch auf einem anderen Wege den Sachverständigenbeweis entwickelt. Das geschah in den mittelalterlichen Stadtrechten bei der leiblichen Beweisung. Die leibliche Beweisung bestand darin, daß dem Gericht die sinnlich-wahrnehmbaren Spuren der begangenen Straftat, wie der Leichnam des Getöteten, die Verletzungen oder die Mordwerkzeuge in gehegter Bank vorgewiesen wurden[31]. Ursprünglich war es nötig gewesen, daß der Richter selber den fraglichen Gegenstand in Augenschein nahm. In den mittelalterlichen Stadtrechten aber bildete sich die Gewohnheit heraus, daß die Schöffen allein die Besichtigung vornahmen und dem Richter nach Beendigung ihrer Untersuchungen ihre Beobachtungen mitteilten[32]. Diese Untersuchungen setzten bei Tötungen und Körperverletzungen vielfach bedeutende medizinische Kenntnisse voraus[33]. Das zeigt besonders der oben schon erwähnte sehr ausführliche Wundkatalog der Friesen. Daher gingen einzelne Städte im magdeburgischen Rechtskreis früh dazu über, beeidigte Wundärzte mit der Wundschau zu beauftragen[34]. Das magdeburgische Stadtrecht selbst enthält keinen Hinweis auf den Augenscheinsbeweis durch Ärzte. Die Hinzuziehung der Ärzte ist hier offenbar in der Praxis ausgebildet worden. Die magdeburgischen Schöffen[35] beantworteten die Frage, wer bei Totschlägen und Wunden die Verletzungen besichtigen solle[36]: „... der richter mag todtschlege vnd wunden wol besehen ob jhm die not geklaget wirt. Darnach sol jn der fronbot lassen besehen von zweyen schöpffen, die in gehegete ding gezeugnis thun, vnd bekennen die warheit, ob es gezeug trag, oder nicht. Aber in etlichen stedten sind wundertzt, die darzu schweren jerlichen, das sie die wunden recht kiesen vnd besehen auff jhren eydt."

Daß beeidigte Wundärzte an Stelle der Schöffen vielfach die Besichtigungen vornahmen, wird noch durch eine Reihe anderer Belegstellen bestätigt. In einem Rechtsfall vom Ende des 14. Jahr-

[30] Holdefleiß S. 8 folgert aus dem umfangreichen Wundkatalog der Friesen, daß der Augenscheinsbeweis eine sehr große Bedeutung im Verfahrensrecht gehabt haben muß. Der Augenscheinsbeweis kann aber nur dann seinen Zweck erfüllt haben, wenn die Augenscheinseinnahme von medizinisch sachkundigen Personen vorgenommen wurde.

[31] Planck Bd. II S. 148 ff.; Holdefleiß S. 15 ff.

[32] Planck Bd. II S. 152; Holdefleiß S. 47.

[33] Holdefleiß S. 8, 53.

[34] Planck Bd. II S. 152; Holdefleiß S. 48.

[35] Die magdeburgischen Schöffensprüche stammen aus dem 13. und 14. Jahrhundert, Stobbe S. 403 ff. Der hier angeführte Schöffenspruch ist nach v. Neureiter 1) S. 2 etwa am Ende des 14. bis Anfang des 15. Jahrhunderts erteilt worden.

[36] Gigas, Stück VI, Urteile der Schöffen zu Magdeburg, Teil 1, Kap. II dist. II; Holdefleiß S. 48.

hunderts, der ebenfalls den magdeburgischen Schöffen vorgelegen hat, wird berichtet[37], der Richter habe den Verwundeten, der nachts mit seiner Klage zu ihm kam, zum Arzt geschickt und ihm aufgegeben, „das her morgens mit dem arczte vor gehegit ding queme". So geschah es und „nach des arcztis bekenntniss worden dem cleger die wunden geteylit kamphertig ...". Ebenso ist in einem Urteilsspruch der magdeburgischen Schöffen aus dem 14. Jahrhundert auf eine Anfrage von Stendal[38] erklärt, bei Zweifeln, ob eine Verwundung „kampördig" sei, solle der Arzt, der die Wunde verbunden habe, unter seinem Eid die Wunde „kesen unde meten". Eine weitere Belegstelle enthalten die Goslaer Statuten aus dem Anfang des 14. Jahrhunderts[39]; und in der Glosse zum sächsischen Weichbildrecht, das in der zweiten Hälfte des 13. bis zum Beginn des 14. Jahrhunderts entstand[40], wird vermerkt[41]: „do das recht an die Sachzin quam, do vorlizin sy sich uff yre manheit, und wilkorten en das recht: wer dem anderen eyne wunde in synem bozen vorsaze tete, ader sluge en zu tode, unde der cleger sine smerze mit richter und mit schepphen beleyte, dy mussten dy wunden vorsuchen, ader sunderlich irer gesworen arzt nach sinem eide".

Während nun in den älteren Stadtrechten selber die medizinischen Sachverständigen sonst nicht erwähnt werden, enthält eine Ausgabe des mit Hamburg besonders eng verbundenen lübischen Stadtrechts[42] aus dem 15. Jahrhundert[43], eine derartige Bestimmung. Eine Lähmung, heißt es dort in Art. 69, müsse Jahr und Tag gedauert haben; wenn diese Frist aber verstrichen sei, „so moten de olderluede der balbierer seggen, dat idt eine lemenisze sy ...". Diese Vorschrift ist aber im ursprünglichen Text des lübischen Stadtrechts von 1294 nicht enthalten[44], und auch das spätere Stadtrecht von 1586 bringt nichts Entsprechendes. Vermutlich hat der Verfasser nur das bei den Gerichten übliche Verfahren wiedergegeben. Der lübische Oberhof ließ jedenfalls im 15. Jahrhundert das ärztliche Gutachten zu. In einer Entscheidung für Kiel aus dem Jahre 1458 stellte der Oberhof fest[45]: „nademe dat de sworen arste hefft ingebrocht, dat eme de aderen vnde zene entwe gehouwen sint went

[37] In Magdeburger Fragen, herausg. von Dr. Friedr. Behrend, Berlin 1865, S. 235 — zit. nach v. Neureiter 1) S. 3 Anm. 1.
[38] Ein Stendaler Urteilsbuch aus dem 14. Jahrhundert als Beitrag zur Kenntnis des Magdeburger Rechts, herausg. von Dr. Friedr. Behrend, Berlin 1868, Urteil XXX — zit. nach v. Neureiter 1) S. 3 Anm. 3.
[39] Göschen, Goslaer Statuten, Berlin 1840, S. 31 — zit. nach v. Neureiter 1) S. 3 Anm. 4.
[40] Vgl. Stobbe Bd. I S. 407 ff.
[41] von Daniels und von Gruben Bd. I S. 399.
[42] Vgl. Lappenberg, Einl. S. 44 ff.
[43] Es handelt sich hier um einen Codex des lübischen Stadtbuchs von 1294, der das lübische Recht mit verschiedenen Veränderungen wiedergibt. Die oben angeführte Bestimmung befindet sich sonst nicht im lübischen Recht. Der Codex stammt nach Hach S. 137 etwa aus der Mitte des 15. Jahrhunderts. Die betr. Bestimmung ist bei Hach S. 579 abgedruckt.
[44] Bei Hach S. 229 ff.
[45] Bei Michelsen S. 92 f.

in den knoken, is dar denne ene lemede van gekomen, so mot men daraff wedden X mark suluers, is dar mede egge vnd ort[46] is dre mark suluers, bloet vnde blaw dre pund ..." Mit anderen Worten: wenn der geschworene Arzt den medizinischen Sachverhalt in bestimmter Art bezeichnet hat, dann hat das Gericht die abgestuften Bußen entsprechend zuzuerkennen.

Eine weitere Entscheidung dieser Art ist vom lübischen Oberhof im Jahre 1478 für Rostock erteilt worden[47]. Hermen Tymmen war in Rostock verwundet worden. Die Parteien stritten sich darum, ob der Beklagte allein auf Grund der ärztlichen eidlichen Aussage über die Schwere der Wunden verurteilt werden könne. Der Oberhof entschied: „... na deme male, dat de heren arste darsulues to Rostoke, mit twen anderen gesworenen meistern des amptes, van deme rade da to geuoget, de wunden vnde lemede bezeen, vnde demesuluen rade to Rostoke by eren eden ingebracht hedden, dat id nicht meer dan ene lemede were, so moste it dar bliuen ...[48]."

---

[46] egge = scharfe Waffe, Schneide; ort = spitze Waffe, Spitze.

[47] Bei Michelsen S. 177.

[48] Zu beachten ist, daß die Verwundung als solche durch zwei Zeugen bewiesen wurde, vgl. Art. 85 lüb. Stadtr. von 1294 (bei Hach S. 285); der Arzt bewies nur die Schwere der Verletzung.

II. Die älteste Zeit des hamburgischen Rechts bis zum Anfang des 16. Jahrhunderts.

1.

Das älteste hamburgische Gesetzbuch, das den medizinischen Sachverständigen erwähnt, ist das Stadtbuch von 1497[49]. Der Art. IV im Abschnitt O, „van pynliken saken dat hogeste belangende", verweist als einzige Bestimmung dieses Gesetzes auf das Gutachten der Ärzte. Der erste Absatz des Art. IV behandelt den Fall, daß ein Mensch infolge schwerer Schläge sofort bettlägerig wird, dann aber wieder aufsteht und bald darauf stirbt. Bei dieser Sachlage soll der Täter nicht wegen Mordes bestraft werden. Anders dagegen, wenn der Verwundete nach den empfangenen Schlägen nicht bettlägerig wird, gleichwohl aber bald darauf stirbt: „... so moghen de wittigesten arsten, de men tor stede hebben mach, na synne vnde wytte segghen by eren eeden wes ene dunke, eft he van der wunden efte slachtynge storuen sy, edder vth vorsumenisse edder anderer orsake dar villichte mede ankamende" [50].

Diese Einführung des medizinischen Sachverständigen in das Stadtrecht von 1497 hat in den älteren hamburgischen Rechten keine Vorläufer. Die entsprechenden Bestimmungen der Stadtrechte von 1270 und 1301/06 enthalten in den Art. XII, 9 bzw. D. IX nur Vorschriften, die dem Abs. I des Art. O. IV von 1497 entsprechen.

2.

Trotzdem besteht Anlaß zu der Vermutung, daß die hamburgischen Gerichte schon längere Zeit vor der Einführung des Stadtrechts von 1497 das Zeugnis der Ärzte benutzt haben.

a) Darauf deuten zwei Eintragungen in den Kämmereirechnungen der Stadt. Neben zahlreichen verstreuten Vermerken über Zahlungen an Ärzte, ohne nähere Angaben des Grundes, besagt eine

---

[49] Das hamburgische Recht hatte bis dahin Sachverständige überhaupt nicht erwähnt. Neben der Bestimmung O. IV enthält das Stadtrecht von 1497 noch zwei weitere Vorschriften, die das Gutachten Sachverständiger vorschreiben: in H. VI bei Einschätzung des Erbes und in O. XVII bei Schätzung des Diebsgutes.

[50] Die Bestimmung des Art. O. IV entspricht den Art. 41/42 part IV des Stadtrechts von 1605.

Eintragung vom Jahre 1350[51], daß „pro incisione defuncti" 4 solidi ausgezahlt worden sind. Diese Summe hat aller Wahrscheinlichkeit nach der Chirurg Werner erhalten, der im gleichen Jahr noch ein zweites Mal in den Kämmereirechnungen erwähnt ist[52]. Die Annahme liegt nahe, daß der Chirurg im Auftrage des Rats die Sektion ausgeführt hat, um die Todesursache festzustellen. Ob es sich aber wirklich um eine gerichtliche, und nicht vielleicht eher um eine gesundheitspolizeiliche Untersuchung gehandelt hat, läßt sich nicht mehr entscheiden. Deutlicher ist dagegen die Eintragung in den Kämmereirechnungen vom Jahre 1386[53], die von der Besichtigung eines Verwundeten spricht: Marquardus Bergher, ein Bote der Stadt[54], erhält aus der Stadtkasse seinen Lohn „quando ipse cum magistro Johanne cirurgico fuit in Billewerdere, ad quendam vulneratum, cuius vulnera respexerunt". Wenn hier der Bote und nicht der Arzt das Geld aus der Stadtkasse erhalten hat, so beweist das nichts gegen die Annahme, daß der Arzt als Sachverständiger im Auftrage des Gerichts tätig geworden ist; denn die Ärzte erhielten, wie aus den Kämmerei-[55] und Präturrechnungen[56] der folgenden Zeit hervorgeht, für ihre Tätigkeit im Auftrage der Stadt vielfach Pauschalsummen.

Die Annahme, daß in beiden Fällen eine gerichtsärztliche Tätigkeit vorgelegen hat, wird durch das Fehlen irgendwelcher Hinweise im geschriebenen hamburgischen Recht nicht berührt, da das Strafverfahrensrecht überhaupt nicht gesetzlich geregelt war.

b) Die beiden Vermerke der Kämmereirechnungen deuten zwar auf eine gerichtsärztliche Tätigkeit hin; aber für sich genommen können sie doch nicht als hinreichend sichere Belege gelten. Ihre Bedeutung erhalten sie erst durch einen Vergleich mit dem außerhamburgischen Recht.

Wenn man sich ein Bild von der mutmaßlichen Tätigkeit der Ärzte als gerichtlicher Sachverständiger in Hamburg vor dem Jahre 1497 machen will, so wird man das römische und kanonische Recht nicht als Vergleich heranziehen dürfen. Zunächst hat Hamburg sich, wie schon in der Einleitung erwähnt wurde, bis zum Ende des 15. Jahrhunderts dem Einfluß des in Italien gelehrten Rechts weit-

---

[51] Bei Koppmann Bd. I S. 18 Zeile 12.

[52] Bei Koppmann Bd. I S. 1 Zeile 15; vgl. Gernet 1) S. 45, der als unzweifelhaft hinstellt, daß der Chirurg Werner das Geld erhalten hat.

[53] Bei Koppmann Bd. I S. 426 Zeile 23.

[54] Daß es sich um einen Stadtboten handelt, läßt sich aus dem Register zu den Kämmereirechnungen entnehmen, siehe Nirrnheim S. 155 zu „Bergher". — Möglicherweise hat es sich aber um den Prolocutor Bergher gehandelt, der 1375 als von der Stadt besoldeter Verteidiger eines Diebes auftritt, bei Koppmann Bd. I S. 223 Zeile 14.

[55] Z. B. Koppmann Bd. II S. 5 Zeile 9: „. . . Magistro Symone pro vario opere . . ." im Jahre 1403; ferner Koppmann Bd. II S. 9 Zeile 2: im Jahre 1406, S. 24 Zeile 3: im Jahre 1413.

[56] Die ältesten Präturrechnungen stammen erst aus dem 16. Jahrhundert. In den Rechnungen des Prätors Rentzel ist z. B. unter „Utgave Anno 1572" eine solche Summe an „den Hern arsten" ausgezahlt; in „Präturrechnungen".

gehend verschlossen[57]. Auch Hermann Langenbeck, der die Neufassung des Stadtrechts von 1497 im wesentlichen besorgte, nahm gegenüber dem römischen Recht oder, wie es damals hieß, dem Kaiserrecht, eine ablehnende Haltung ein[58]. Das fällt um so mehr ins Gewicht, als Langenbeck selber in den Jahren 1477—1479 in Italien studiert hatte und an der Universität Perugia zum Doktor beider Rechte promoviert war[59]. So ordnete Langenbeck in der Vorrede zum Stadtrecht von 1497 auch an, daß der Richter sich in zweifelhaften, nach dem Stadtrecht nicht zu entscheidenden Rechtsfällen zuerst an das Recht dieses Landes, d. h. an den Sachsenspiegel, halten solle, und daß erst, wenn diese Quelle den Zweifel nicht löse, das gemeine Kaiserrecht heranzuziehen sei[60].

Auch der Umstand, daß einzelne inquisitorische Züge schon frühzeitig im hamburgischen Recht nachweisbar sind[61], braucht nicht auf Einflüsse des in Italien entwickelten Inquisitionsprozesses hinzudeuten. In einem Stadtstaat, wie Hamburg es war, hat sich notwendig sehr bald im öffentlichen Interesse die Verbrechensverfolgung von Amts wegen in irgendeiner Form entwickeln müssen[62]. Man kann daher nicht argumentieren, daß damals schon in Hamburg eine fortschreitende Rezeption des an den italienischen Universitäten gelehrten Inquisitionsverfahrens stattgefunden habe, und daß damit auch der Sachverständigenbeweis in der dort entwickelten Form übernommen worden sei.

Dagegen spricht manches dafür, daß die Einführung der Ärzte in das Stadtrecht von 1497, wie schon die Ausbildung des gerichtsärztlichen Zeugnisses in der weiter zurückliegenden Zeit durch den magdeburgischen Rechtskreis mitbestimmt worden ist.

Die Vorrede Langenbecks zum Stadtrecht von 1497 verweist allerdings auf den Sachsenspiegel als subsidiäres Recht[63]. Und gerade

---

[57] Vgl. Trummer Bd. I S. 12. Trummer weist insbesondere darauf hin, daß Hamburg sich dem Einfluß des kanonischen Prozesses lange Zeit widersetzt hat. Selbst das in Spanien im Jahre 1563 herausgegebene und für den gemeinrechtlichen Prozeß maßgebliche Werk von Clarus „Sententiarum receptarum liber quintus" sei in Hamburg erst sehr spät zitiert worden, zuerst von Bürgermeister Möller (gest. 1621).

[58] Vgl. Reincke in Bilderhandschrift 1497 S. 16.

[59] Vgl. Reincke in Bilderhandschrift 1497 S. 10 f.

[60] In dieser Weise deutet Reincke in Bilderhandschrift 1497 S. 15 die betreffende Stelle in der Vorrede Langenbecks.

[61] Vgl. hierzu die ausführliche Darlegung bei Hennings S. 4 ff.

[62] Ursprünglich galt in Hamburg wie in allen germanischen Rechten das Privatklageverfahren, Westphalen Bd. I S. 265; schon nach dem Stadtrecht von 1270 konnte in bestimmten Fällen die Klage erzwungen werden: Art. IX, 31 = Stadtrecht 1301/06 Art. M III; im Stadtrecht von 1497 ist eine solche Bestimmung nicht mehr enthalten, weil inzwischen die Möglichkeit zur öffentlichen Klageerhebung geschaffen war. Schon 1410 wehrte sich die Bürgerschaft dagegen, daß der Rat die Verbrechensverfolgung zu ausgiebig betrieb. Die Bürgerschaft setzte eine Einschränkung dieser Verfahren von Amts wegen im Rezeß von 1410 durch (abgedr. bei Lünig S. 942 ff.). Anlaß und Verlauf dieses Streites zwischen Rat und Bürgerschaft schildert Tratziger S. 129 ff.

[63] Über den Einfluß des Sachsenspiegels auf das hamburgische Recht vgl. Lappenberg, Einl. S. 63 ff.

der Sachsenspiegel kennt den Sachverständigenbeweis in keiner Form. Dafür aber beruft sich Langenbeck in seiner Glosse zum Stadtrecht von 1497 wiederholt auf das Sächsische Weichbild und dessen Glosse[64]. Und er tut es bezeichnenderweise gerade bei Art. O. IV[65]. Im Hinblick auf das dort angeordnete ärztliche Zeugnis bemerkt er: „wo ock de glosse beroreth wich LXXIX int myddel[66], seggende, dat de geswaren arsten scholen de wunden vorssoken, effte se kampbar sy, dat wy eine vare heten." Bei diesem Zitat ist zu beachten, daß Langenbeck hier eine Belegstelle anführt, in der als Aufgabe der Ärzte die in den deutschen mittelalterlichen Stadtrechten vielfach erwähnte Feststellung der Kampfwürdigkeit einer Verletzung genannt ist. Das aber deutet auf den Sachverständigenbeweis, wie er aus der leiblichen Beweisung im deutschen Recht entwickelt wurde. Hätte Langenbeck bei der Fassung des Art. O. IV an den kanonischen Inquisitionsprozeß gedacht, dann wäre diese Überlegung vermutlich an dieser Stelle durch ein entsprechendes Zitat zum Ausdruck gekommen. Und weiter fällt hier auf, daß diese Belegstelle zu Art. O. IV nur in der Glosse erscheint, die noch von Langenbeck selber verfaßt worden ist[67]. Die späteren Glossen dagegen, die schon stärker unter dem Einfluß des römischen Rechts stehen, berufen sich an dieser Stelle nicht mehr auf das Weichbild[68].

Möglicherweise hat auch die Praxis des Oberhofs zu Lübeck die Entwicklung in Hamburg mitbestimmt. Andererseits sind aber die Belege aus dem magdeburgischen Rechtskreis älter, und das Zitat Langenbecks weist außerdem nach Magdeburg.

Mit den vorstehenden Ausführungen soll keineswegs jeder Einfluß des römischen und kanonischen Rechts auf das hamburgische Straf-

---

[64] Trummer Bd. II S. 53 ff. hat in seinem Vortrag „Über die Langenbecksche Glosse" eine Zusammenstellung über die Häufigkeit der Zitate aus fremden Rechten in der Glosse gegeben. Dabei ist aber zu beachten, daß er die Ausgabe von Lappenberg in „Die ältesten Stadt-, Schiff- und Landrechte Hamburgs" zugrunde gelegt hat. Dort ist nur eine Auswahl aus den verschiedenen Langenbeckschen Glossen wiedergegeben. Beispielsweise bringt Lappenberg nicht die unten zitierte Bemerkung aus der Glosse A zu Art. O. IV. Öfter zitiert Lappenberg auch die Glosse C, die sehr viele römischrechtliche und einige kanonische Zitate enthält. Nach dieser Zusammenstellung von Trummer beruft sich die Glosse auf den Sachsenspiegel 48mal, die Glosse zum Sachsenspiegel 43mal, das Sächs. Weichbild 13mal, die Glosse zum Sächs. Weichbild 13mal, das corpus iuris 40mal, das corpus iuris canonici 9mal. Lappenberg selber äußert in der Einleitung S. 136, die Langenbeckschen Glossen berücksichtigen hauptsächlich das Recht des Sachsenspiegels und des Sächs. Weichbildes.

[65] Glosse A[1].

[66] Das Zitat Langenbecks ist irreführend. In der Ausgabe des Weichbildrechts von v. Daniels und v. Gruben ist eine Glosse zu Art. 79 des Weichbildes nicht mitgeteilt (vgl. Bd. I S. 398); dagegen ist in der Glosse zu Art. 80 des Weichbildes die oben S. 13 zitierte Bemerkung über das Zeugnis der Ärzte enthalten. Vermutlich wollte sich Langenbeck darauf beziehen.

[67] Zum Alter der Langenbeckschen Glossen vgl. Lappenberg, Einl. D. 135.

[68] Glosse C. Dagegen ist im Conradinus (Glosse D) das Weichbild bei Art. O. IV wieder zitiert. Die Bemerkungen sind dort sogar ausführlicher. Der Conradinus stellt eine besonders umfassende spätere Mischform aller früheren Glossen dar; vgl. Lappenberg, Einl. S. 132. Man kann daher aus seinen Bemerkungen nicht immer auf die Praxis seiner Zeit schließen. Das möchte ich besonders an dieser Stelle annehmen, wo die Glosse D sich auf das Weichbild bezieht.

verfahren jener Zeit schlechthin geleugnet werden. Sicher werden die hamburgischen Juristen aus ihren Studien an den italienischen Universitäten Folgerungen auch für das heimische Recht gezogen haben. Die Folter beispielsweise, die in Hamburg schon im Jahre 1387 nachzuweisen ist[69], hat Hamburg von dorther übernommen. Was hier festgestellt werden soll, ist vielmehr die Tatsache, daß im mittelalterlichen deutschen Recht die Ausbildung des Sachverständigenbeweises bei Körperverletzungen und Tötungsdelikten auf eine diesem Recht eigentümliche Art erfolgt ist, und daß Hamburg offenbar zunächst dem Vorbild des magdeburgischen Rechtskreises gefolgt ist, als es die Einrichtung als solche übernahm. Diese Feststellung hat für die Aufgaben der Ärzte und die Bewertung ihrer Gutachten im hamburgischen Prozeß Bedeutung[70].

Da nun der magdeburgische Rechtskreis schon lange vor dem hamburgischen Stadrecht von 1497 Ärzte als Sachverständige zuließ, kann auf Grund der beiden erwähnten Eintragungen in den Kämmereirechnungen und des Langenbeckschen Zitats zu Art. O. IV angenommen werden, daß die hamburgische Gerichtspraxis schon vor 1497 dem magdeburgischen Beispiel gefolgt ist. Ein bestimmter Zeitpunkt für den Beginn dieser Übung läßt sich allerdings nicht ermitteln.

3.

Die Aufgabe, die den Ärzten nach Art. O. IV des Stadtrechts von 1497 zugewiesen ist, beschränkt sich auf die Feststellung der Kausalität einer Verletzung für den Tod in einem eng begrenzten Fall. Aus den erwähnten Beziehungen Hamburgs zum magdeburgischen Rechtskreis könnte gefolgert werden, daß die Ärzte in Hamburg auch sonst an der Leichenschau beteiligt wurden[71]. Diese Vermutung ist allerdings durch keine weiteren Belege zu stützen als durch den Vermerk in den Kämmereirechnungen, der oben erwähnt wurde[72]. Sie ist also recht unsicher.

Mehr spricht für die Annahme, daß das Zeugnis der Ärzte in Hamburg damals bei der Beurteilung der Verwundungen ohne Todesausgang benutzt worden ist. Hamburg kannte nämlich die aus dem germanischen Recht stammende Einteilung der Wunden in ähnlicher Art wie Magdeburg.

---

[69] Siehe Koppmann Bd. I S. 463 f.

[70] Die Frage, ob der magdeburgische Rechtskreis mit der Einführung der Wundschau durch Ärzte statt durch Schöffen der Anregung des an den italienischen Universitäten gelehrten Verfahrensrechts gefolgt ist, hat für die vorliegende Untersuchung keine Bedeutung; denn jedenfalls hat sich hier der Sachverständigenbeweis im Rahmen der leiblichen Beweisung zunächst in anderer Art entwickelt als in Italien. — Zur Stellung des Sachverständigen in den italienischen Stadtrechten des 14. bis 16. Jahrhunderts siehe Bohne S. 66 ff. Bohne glaubt, die Anfänge der gerichtlichen Medizin in den italienischen Stadtrechten suchen zu müssen. Die Belege aus dem mittelalterlichen deutschen Recht und aus den germanischen Stammesrechten zeigen, daß die gerichtsärztliche Praxis auf deutschem Boden schon in erheblich früherer Zeit nachweisbar ist. Vgl. auch v. Neureiter 1) S. 1 ff.

[71] Zur Leichenschau im magdeburgischen Rechtskreis vgl. Holdefleiß S. 46 ff.

[72] pro incisione defuncti — siehe oben S. 16.

Nach dem Wortlaut der hamburgischen Gesetze ist allerdings der Wundkatalog weit einfacher als in anderen Stadtrechten. Die Bestimmungen[73] nennen Wunden, die mit scharfer Waffe (eggewapen) beigebracht worden sind. Sie werden mit Handabschlagen bestraft. Ferner unterscheiden sie noch Stockschläge „blot ofte blaw“[74] und Stockschläge „sunder blot ofte blaw“. Diese werden mit Geldbuße gesühnt, und zwar mit drei Pfund und mit zwölf Schillingen. Offenbar hat aber die Praxis noch andere Unterscheidungen gekannt. Das läßt sich zunächst dem Anhang zum Stadtrecht von 1270, Art. 7/8, entnehmen. Dieser stammt allerdings erst aus der Zeit nach 1370[75]. Er nennt in Art. 8 zuerst die Wunden „blaw vnde blot“ und bezeichnet als Strafe dafür ebenso wie oben eine Buße von 3 Pfund. Es folgen dann die Wunden, die mit „egge vnd ort“ beigebracht sind, d. h. mit scharfen und spitzen Waffen. Für sie ist eine Buße von 6 Mark lübisch angegeben. Als dritte und letzte Wundart ist im Art. 8 die „lemede“ genannt, für die 20 Mark und 3 Pfund als Buße gezahlt werden sollen.

Ob dieser Wundkatalog wirklich in Hamburg beachtet worden ist, scheint fraglich. Jedenfalls ist auffällig, daß die „lemede“ an keiner anderen Stelle in den hamburgischen Rechten genannt wird. Mir erscheint die Annahme gerechtfertigt, daß es sich bei dem Wundkatalog im Anhang zum Stadtrecht von 1270 um lübisches Recht handelt. Dafür spricht zunächst der Umstand, daß diese Bestimmungen nur im Codex C, also in einer späteren gemeinsamen Ausgabe des lübischen und hamburgischen Rechts, enthalten sind[76]; und zwar ist die gleiche Vorschrift dort im Art. 211 als lübisches und in den Art. 405/06 als hamburgisches Recht mitgeteilt. Darüber hinaus kennt gerade das lübische Recht auch die „lemede“[77].

Wie die Wunden in der hamburgischen Praxis tatsächlich beurteilt worden sind, darüber lassen sich nur Vermutungen anstellen. Die Bestimmungen des Gesetzestextes, wie sie oben mitgeteilt wurden, umfassen nicht alle Wundarten und es müssen daher noch weitere Unterscheidungen gemacht worden sein ähnlich wie in den Rechten des magdeburgischen Kreises[78]. Einen Anhalt gibt die oben S. 21 zitierte Bemerkung der Langenbeckschen Glosse zu Art. O. IV des

[73] Stadtrecht von 1270 Art. IX, 2 und IX, 1; Stadtrecht von 1301/06 Art. M I und M II; Stadtrecht von 1497 Art. M III und Art. M VI.

[74] Der Ausdruck „Blut und blau“ scheint dem sonst gebräuchlichen Wort braun und blau zu entsprechen und bezeichnet die leichteren Verletzungen, vgl. Holdefleiß S. 60 ff. Auch Lübeck kannte den Ausdruck „Blut und blau“: Stadtrecht von 1294 Art. 110, bei Hach S. 302; im Stadtrecht von 1605 steht statt dessen die Bezeichnung „braun und blau“, Part IV Art. 56.

[75] Vgl. Hach S. 116 ff. Auf diese Stelle bei Hach verweist Lappenberg, Ein- S. 92 Anm. 1. Es handelt sich um den Codex C der Ausgaben des hamburgischen Stadtrechts von 1270 mit dem lübischen Stadtrecht von 1294, der allein die oben genannten Art. 7 und 8 des Anhangs enthält; so Lappenberg Anm. a zu Art. 7 und 8 des Anhangs zum Stadtrecht von 1270.

[76] Siehe oben S. 20 Anm. 75.

[77] Lübisches Stadtrecht von 1294 Art. 140; bei Hach, Codex II S. 316.

[78] Vgl. v. Neureiter 1) S. 4 ff; Brunner Bd. II S. 634 ff.; Holdefleiß S. 53 ff.

Stadtrechts von 1497. Dort ist zum Ausdruck gebracht, daß in Hamburg die auswärts als „kampfbar“ bezeichnete Wundart „vare“, d. h. Fahrwunde genannt wurde[79]. Tatsächlich findet sich im hamburgischen Recht und seinen Glossen nirgends der Ausdruck kampfbare Wunde. Dieser Umstand rührt offenbar daher, daß der Begriff ursprünglich im Zusammenhang mit der Einrichtung des Zweikampfes der Prozeßgegner entwickelt worden ist[80] und Hamburg den Zweikampf nicht gekannt hat.

Als Fahrwunde oder kampfbare Wunde galt nun damals zunächst jede Fleischwunde, die gliedeslang und nagelstief war[81]. Das Maß für die Länge der Wunde bildete das Mittelglied des Mittelfingers. Die Tiefe wurde nach dem Nagel und dem dazugehörigen Glied des Mittelfingers gemessen[82]. Weiter wurden zu den Fahrwunden auch die Lähmungen gerechnet. Das waren alle Verletzungen, durch die Hauptglieder des Körpers abgeschlagen oder gelähmt worden waren. Dazu gehörten Arme, Beine, Hände und Füße, ferner Nase, Ohr, Mund, Zunge, Auge usw.[83]. Bei der Verstümmelung mußte das Glied ganz vom Körper getrennt sein; bei der Lähmung mußte die Unbrauchbarkeit des verletzten Körperteils festgestellt werden. Übrigens war die Gruppierung dieser Verwundungen auch im magdeburgischen Rechtskreis nicht ganz einheitlich[84], so daß sich bestimmte Einzelheiten für Hamburg auf keinen Fall angeben lassen.

Durch diese kurzen Hinweise[85] wird jedenfalls deutlich, daß die im hamburgischen Recht enthaltene Regelung nicht erschöpfend gewesen sein kann. Vielleicht hat man die Lähmungen, wie überhaupt alle schweren Verletzungen unter die „vare“ gerechnet.

Die Schwere der Wunde war für die Höhe der Buße entscheidend. Ob nun ein Schlag mit scharfer Waffe erteilt war oder ob die Wunde „blot vnde blaw“ war, das konnte in den meisten Fällen sicherlich der Richter entscheiden. Anders bei den Fahrwunden: hier bestand ein dringendes Bedürfnis, sich der größeren Erfahrung der Ärzte zu bedienen, sobald der Sachverhalt schwieriger lag. Nimmt man nun die Eintragung in den Kämmereirechnungen vom Jahre 1386 über die ärztliche Wundbesichtigung hinzu, so erscheint die Vermutung begründet, daß seit dem Ende des 14. Jahrhunderts in

---

[79] Die Glosse D spricht in der Anmerkung zu Art. O. IV nicht wie die Glosse A von „vare“, sondern von „vaer wunden“.

[80] Vgl. Holdefleiß S. 74 Anm. 71 a.

[81] Gigas, Stück VI, Urteile der Schöffen zu Magdeburg, Teil III, Kap. I Dist. II.

[82] Gigas, Stück VIII, Urteile der Schöffen zu Leipzig im Abschnitt „Wie man ein jegliche Wunde nach jhrer art erkennen sol“; Holdefleiß S. 57; v. Neureiter 1) S. 5.

[83] Vgl. Holdefleiß S. 55; v. Neureiter 1) S. 5; Gigas, Stück VII „viel bebewehrter Prozeß“.

[84] Vgl. Holdefleiß S. 55.

[85] Bei Holdefleiß S. 50 ff. befindet sich eine ausführliche Beschreibung der Wundarten, ihrer Einstufung und Beurteilung hauptsächlich nach dem Recht der magdeburgischen Schöffen und der Glosse zum Weichbild.

Hamburg die Ärzte zur Wunduntersuchung herangezogen worden sind. Bei der Besichtigung kam es übrigens nicht nur auf die Feststellung der Todesursache oder der Beschaffenheit der Wunden, sondern auch auf die Zahl der Verletzungen an; denn nur so viel Täter konnten vom Kläger gerichtlich belangt werden, als der Verletzte Wunden empfangen hatte[86].

4.

Der Inhalt der gutachtlichen Bekundungen war kurz und bündig. Beispielhaft erscheint der von Holdefleiß mitgeteilte Bericht[87], den die Schöffen von der Besichtigung eines Leichnams gaben: „wir habin gesehen einen messerstich czu sinen herzcen adir in sinen koupf, davon er von dem lebinde zcu dem tode kommen ist". Die Gutachten teilten also lediglich das medizinische Ergebnis der Untersuchung mit. Im übrigen enthielten sie entsprechend dem Wundkatalog die Feststellung, ob die Wunde als Fahrwunde anzusprechen sei, ob die Verletzung „blot vnd blaw" sei und dergl. Begründungen und ins einzelne gehende medizinische Darlegungen wurden nicht gefordert und gegeben.

5.

Über das Verfahren der hamburgischen Gerichte bei der Einholung ärztlicher Gutachten liegen keine sicheren Belege vor. Vermutlich hat das Niedergericht durch den Prätor, der in früher Zeit den Vorsitz im Gericht führte[88], die Gutachten angefordert. Auch das Obergericht, d. h. damals der Rat, wird Aufträge für ärztliche Untersuchungen gegeben haben.

Als Gutachter wurden für die Wundbesichtigung nach magdeburgischem Recht Ärzte zugezogen, die jährlich schworen, sie würden „die wunden recht kiesen vnd besehen auff jhren eydt"[89]. Offenbar hat man sich in Hamburg aber jedenfalls um 1500 an diese Regel nicht gehalten[90]; denn ein in der Langenbeckschen Glosse zu Art. O IV berichteter Fall aus dem Jahre 1500[91] erwähnt als Gutachter den Ratschirurgen und zwei gelehrte Ärzte. Der Chirurg handelte vermutlich auf Grund seines — nicht mehr erhaltenen[91] — Amtseides. Die beiden anderen Ärzte aber werden zu der Untersuchung besonders bestellt worden sein.

---

[86] Stadtrecht von 1270 Art. XII, 3; Stadtrecht von 1301/06 Art. P. III; Stadtrecht von 1497 Art. O. VI.

[87] Holdefleiß S. 49.

[88] Vgl. Grieß Bd. I S. 4; Westphalen Bd. I S. 332 ff.; Anderson Bd. III Abschn. 1 S. 28 ff. Im Laufe der Zeit wurden den Prätoren zahlreiche andere Aufgaben, insbesondere polizeiliche Funktionen übertragen. Richterliche Aufgaben behielten sie aber weiterhin. Insbesondere betrieben sie die Inquisition.

[89] Gigas, Stück VI, Urteile der Schöffen zu Magdeburg, Teil 1, Kap. II Dist. II. Desgl. Holdefleiß S. 48.

[90] Möglich wäre das gewesen, denn Hamburg hatte damals, abgesehen von gelegentlichen Unterbrechungen, dauernd einen Ratschirurgen und auch Physiker als Stadtärzte im Dienst. Vgl. Gernet 1) S. 361, 363, 366.

[91] Das älteste erhaltene hamburgische Eidenbuch von 1565—1611 (Eidenbuch 1) enthält keinen derartigen Eid eines Stadtarztes.

Ob die Untersuchung in Hamburg allein von den Ärzten oder anfänglich noch in Anwesenheit der Schöffen (Dingleute) vorgenommen wurde, kann nicht entschieden werden. Vielleicht deutet die später bis zum Jahre 1818 im bewußten Gegensatz zu anderen Rechten zähe aufrecht erhaltene Gewohnheit, den Ärzten die Untersuchung allein ohne Hinzuziehung einer Gerichtsperson zu überlassen, darauf hin, daß man die Sachverständigen auch damals schon in dieser Weise freistellte.

6.

Ihr Zeugnis gaben die Sachverständigen unter ihrem Eid mündlich vor Gericht ab. Das Zeugnis erbrachte vollen Beweis für die bekundeten Tatsachen. So war es jedenfalls im magdeburgischen Recht, das hier den Grundsätzen der leiblichen Beweisung folgte[92]. Allerdings war das Zeugnis anders als das unanfechtbare Gerichtszeugnis der Schelte der Parteien ausgesetzt. Solche Widersprüche wurden aber als Vorwürfe der Eidesverletzung angesehen[93].

Es muß bezweifelt werden, daß in Hamburg das Sachverständigengutachten am Ausgang des 15. Jahrhunderts noch in dieser Art gewertet wurde. Damals und insbesondere mit dem beginnenden 16. Jahrhundert hat sich in der Praxis des hamburgischen Gerichtsverfahrens der Einfluß des an den italienischen Universitäten entwickelten Prozeßrechts mehr als bisher geltend gemacht. Das gilt in besonderem Maße für das Beweisrecht. Hier mußte notwendig die größte Unsicherheit entstehen[94], weil man sich nicht entschließen konnte, die alten Verfahrensgrundsätze völlig zu beseitigen, während das rezipierte Recht nicht mit genügender Sicherheit gehandhabt wurde.

Ein bezeichnendes Licht werfen auf diese Zustände die beiden vom Anfang des 16. Jahrhunderts überlieferten Verfahren, die Gutachten medizinischer Sachverständiger erwähnen. Die Langenbecksche Glosse[95] berichtet zu Art. O IV des Stadtrechts von 1497: „Sus worth anno 1500 ein gehouwen in den kopp de nicht legerafftich worth. men ginck apenbar tho wegen vnd stehen, arbeitende na alse vor vmme sinen dachliken penningk, de doch tho handt starff, dar de radt bi sande der stadt arsten mith twen doctoribus phisicis, de den certificerenden by eren eeden, dath sse nicht konden merken van ssodaner wunden den man storue tho sinde ane ander anual gebreck edder vorsumenisse. darume de slachtinge[96] worth gefunden tho beterende vnde nenen mordt . . .“.

Der Gang des hier geschilderten Verfahrens entspricht dem Vorgehen bei der leiblichen Beweisung der mittelalterlichen Stadt-

---

[92] Vgl. Holdefleiß S. 47.

[93] Siehe vorige Anmerkung und v. Neureiter 1) S. 6.

[94] Vgl. Hennings S. 12 ff., 136 ff.

[95] Glosse C.

[96] Schläge; d. h. der Täter brauchte nicht für einen Mord, sondern nur für die Körperverletzung büßen.

rechte. Das Gericht, nämlich hier der Rat, schickt die Sachverständigen zur Augenscheinseinnahme aus, und sie berichten unter ihrem Eid vor Gericht, was sie festgestellt haben. Damit ist der Sachverhalt für das Gericht geklärt.

Ein völlig anderes Bild vermittelt der zweite von der Langenbeckschen Glosse[97] mitgeteilte Fall aus dem Jahre 1507: „Anno 1507 worth eyn Tymmerman beclagett van eynem megetken van 12 jaren dat he nottaget hadde yn der vasten, vnd ens nha myt vasten er gyffte lauende[98] vmne tho schwigende so se den hadde bauen eyn jar. de Radt myssdunckent hebbende leth se dorch veer frouwen besychtigen de ehr junckfrouweschopp tugeden, der haluen wort se in de hechte settett vnd pynigett. dar se vast bleff by ehrer bekanntnisse derwegen se auermals durch anderen frouwen besichtigett wordt, de ere slote der junckfrouweschopp tugeden geopent tho synde. suss beclagende sse den man, de ydt benende und in de hechte settet wordt. den se begerde pynigen tho latende vmme de warheidt tho verschoppende, darup de Radt erkande in dem he myt der daet nicht begrepen noch beseen edder mit dem geschrichte[99] auertugett, den so lange tydt vorschwegen, vnd mermals geschen wylligett were, so machte syck nichts byllychlyken ene vmme nottagent tho beschuldigende . . ."

Dieser Prozeß zeigt ein gänzlich anderes Verfahren als der zuerst erwähnte Fall aus dem Jahre 1500[100]. Das Stadtrecht ordnet weder in Art. O X das ärztliche Zeugnis an oder das der Hebammen und sachkundigen Frauen, noch kennt es die Folter. Bezeichnend ist es, daß sich die Glosse O X denn auch auf das römische Recht bezieht[101], und ein Vergleich mit Gandinus[102] ergibt, daß sich das Gericht mit der Folterung eines Zeugen[103] und dazu noch eines Kin-

---

[97] Glosse A^2 zu O. X.

[98] D. h. indem er ihr „gabe" = Schweigegeld versprach.

[99] Geschrei.

[100] Die Glosse C (ebenso Glosse D) bemerkt zu Art. O. X übrigens: „. . . thom drudden schole de richter soken vnd richten ane klage" (bei Notzuchtsverbrechen).

[101] Glosse C sagt: „nu seggen vele lude vnd willene, dat de loue gestellet schole werden (= sinngemäß: Beweis erbracht werden soll durch . . .) etzliche fruwesname (= Frauensperson), alsse Bademomen (= Hebammen) de des ein wetent offte vorstanth hebben, effte de junckfrouwe geuneroth vnd bosmittoth ssy offte nicht . . . yn mer stedten dar dat henne wiset ff de ventre inspi. L 1 in prin . . ." Das Zitat meint die oben S. 9 bereits angeführte und besprochene Digestenstelle Dig. XXV, 4 de insp. vent. custod. que par. Die Glosse zum Sachsenspiegel Buch II Art. 64 wendet sich sehr scharf gegen das Gutachten von Hebammen bei Notzucht. Sie sagt, es müsse das Gerüft erhoben werden und fährt dann fort: „alleine sagen viel leut anders (das ich vor scham nicht sprechen will) . . ."

[102] Vgl. Albertus Gandinus, de questionibus et tormentis, bei Kantorowicz Bd. II S. 155 ff.; allerdings sagt Gandinus a.a.O. Ziffer 9, daß Kinder unter 14 Jahren nicht gefoltert werden sollen.

[103] Offenbar hat zuerst ein öffentliches Verfahren gegen den Zimmermann wegen Notzucht stattgefunden. Das Mädchen war in diesem Verfahren Zeugin gewesen und ist als solche gefoltert worden. Anschließend hat sie dann selber geklagt und ist abgewiesen worden.

des in Übereinstimmung mit den von den Postglossatoren entwickelten Verfahrensgrundsätzen befindet. Das gleiche gilt von der wiederholten Untersuchung[104].

Es hat danach den Anschein, daß im Beweisrecht gerade um 1500 die Angleichung an das gemeine Recht vollzogen worden ist. Vielleicht täuscht die Kürze des Berichts, wenn man in dem Strafverfahren aus dem Jahre 1500 noch die deutschrechtliche Form des Beweisverfahrens glaubt erkennen zu können. Jedenfalls zeigt der Prozeß vom Jahre 1507, daß damals spätestens die Rezeption durchdrang. Weitere Belege über gerichtliche Gutachten medizinischer Sachverständiger sind aus dieser Zeit in Hamburg nicht erhalten.

[104] Vgl. oben S. 10; übrigens ähnelt das hier angewandte Untersuchungsverfahren der Bambergensis (1507) Art. XLIII und der CCC (1532) Art. XXXV (bei Zoepfel S. 40/43): bei Verdacht heimlicher Geburt und Kindestötung soll nämlich die Verdächtige durch sachverständige Frauen untersucht werden. Stellen die Frauen fest, daß die Delinquentin erst vor kurzer Zeit geboren hat, dann soll die Verdächtige bei weiterem Leugnen gefoltert werden.

III. Das 16. und 17. Jahrhundert.

1.

Das Stadtrecht von 1497 bezeichnet die „wittigsten arsten" als Sachverständige in Art. O IV, stellt also dem Gericht die Auswahl frei. Der oben S. 32 mitgeteilte Bericht über ein Strafverfahren zu Art. O IV nennt den Ratschirurgen und zwei „doctores physici" als Gutachter. In der folgenden Zeit haben dann die Gerichte hauptsächlich das Zeugnis des Ratschirurgen, der Stadtphysiker und der Ratshebamme benutzt. Dabei bildete sich eine, wenn auch nicht fest angegrenzte, Aufgabenteilung bei den Sachverständigen heraus, die sich aus ihrer Berufsstellung und ihrem ärztlichen Können ergab. Zum leichteren Verständnis der folgenden Entwicklung sollen darum einige kurze Bemerkungen über die Bedeutung dieser Personen vorausgeschickt werden[105].

Der Stadtarzt war in Hamburg ein Chirurg, der im allgemeinen „des Rats Barbierer" oder später Ratschirurg genannt wurde. Im folgenden wird er mit Ratschirurg bezeichnet. Er führte den Titel Magister und stand in seinem wissenschaftlichen Rang unter den Physikern. Immerhin hatte der Ratschirurg, wie überhaupt die Barbiere in Hamburg, gegenüber anderen Städten eine bevorzugte Stellung. Die Barbiere galten nämlich vielfach als unehrlich. In Hamburg waren sie Bürger. Einzelne von ihnen haben hohes Ansehen erlangt[106]. Dem Ratschirurgen war die höhere Chirurgie vorbehalten. Daher nahm er für sich beispielsweise das Recht in Anspruch, die Sektionen auszuführen. Dieses Vorrecht hat er bis ins 19. Jahrhundert gegenüber den Physikern bewahren können. Ursprünglich unterstand ihm das gesamte Gesundheitswesen der Stadt; im übrigen lag ihm die ärztliche Betreuung der Ratsmitglieder und aller Bürger ob, die seine Hilfe forderten. Daneben war er Polizei- und Armenarzt. Seine Bedeutung nahm im Laufe der Zeit mit dem wachsenden Einfluß der Physiker ab.

Physiker wurden ursprünglich alle Ärzte genannt, die einen akademischen Grad besaßen. Die Chirurgie durften sie nicht ausüben. Etwa vom 17. Jahrhundert an wurde der beamtete Stadtarzt außerhalb Hamburgs vielfach als physicus civitatis oder kurz als Physikus bezeichnet. In Hamburg blieb der Ratschirurg als Stadtarzt neben den beamteten Physikern in seinem Rang. Diese waren

[105] Vgl. zum Folgenden Gernet S. 9.
[106] Vgl. Benecke S. 85 ff.

ebenfalls Stadtärzte. Hamburg hatte zunächst einen Physiker, später mit Unterbrechungen zwei Physiker gleichzeitig im Amt. Wenn im folgenden von Physikern gesprochen wird, so werden diese von der Stadt besoldeten, akademisch gebildeten Ärzte darunter verstanden.

Die Ratshebamme schließlich war eine von der Stadt besoldete Hebamme, die über die übrigen Hebammen Aufsicht führte. In Hamburg wurde sie Ratsbademutter oder Ratsbademome genannt. Ihre ärztlichen Kenntnisse waren nur sehr gering. Wenn sie als gerichtliche Gutachterin zeitweilig eine Rolle gespielt hat, so lag das hauptsächlich daran, daß man es als mit dem Anstand unvereinbar empfand, Frauen beispielsweise bei Verdacht der Kindestötung in der Geburt von Ärzten untersuchen zu lassen.

2.

Das 16. Jahrhundert hat für die Entwicklung der gerichtsärztlichen Tätigkeit in Hamburg besondere Bedeutung. Damals wurden die später erweiterten Einrichtungen in ihren Grundzügen geschaffen. Schon in den ersten Jahrzehnten des Jahrhunderts sah man die Notwendigkeit ein, das hamburgische Recht dem Kaiserrecht mehr als bisher anzugleichen[107]. Die Revisionsbestrebungen fanden zuerst im Rezeß von 1529 ihren Niederschlag[108]. Aber obwohl die Erneuerung des hamburgischen Rechts als dringend notwendig anerkannt war, kam erst im folgenden Jahrhundert die Neufassung zustande. Indessen muß sich in der Gerichtspraxis der Einfluß des anderwärts im Reich rezipierten römischen Rechts schon vielfach geltend gemacht haben[109]. Bedeutsam ist in diesem Zusammenhang die Schaffung der Bambergensis und der Constitutio Criminalis Carolina. Beide enthielten Bestimmungen über das gerichtsärztliche Zeugnis. Sie ordneten an, daß bei Zweifelsfällen über die Tödlichkeit einer Verletzung Wundärzte hinzugezogen werden sollten[110]. Ebenso kannten sie auch die Untersuchung von Kindesmörderinnen durch Frauen[111]. Sie enthielten ferner die Vorschrift, daß bei Todesfällen durch Kunstfehler der Ärzte das Gutachten der „gelerten und verstendigen der arzeney" eingeholt werden sollte[112]. Diese Bestimmungen haben später auch auf die hamburgische Praxis Einfluß gehabt.

Im Jahre 1605 wurde das neue hamburgische Stadtrecht eingeführt. Es hat noch im 19. Jahrhundert Geltung gehabt und ist in der Zwischenzeit nur in einzelnen Teilen unverändert und ergänzt worden[113]. Das Stadtrecht von 1605 übernahm vieles aus dem Stadt-

[107] Vgl. Reincke in Bilderhandschrift 1497 S. 19. Diese Bestrebungen zeigen sich übrigens schon vielfach in der Langenbeckschen Glosse D. Beispielsweise ist dort in der Bemerkung zu Art. O. IV gesagt, man solle, wie das „Kaiserrecht", auch bei Art. O. IV den Vorsatz des Täters berücksichtigen.

[108] Art. 50; ferner Rezeß von 1548 Art. 9, und Antrag der 40 Bürger im Jahre 1557; vgl. Anderson Bd. II S. 2 f.

[109] Vgl. Westphalen Bd. I S. 247, 250 ff., 266 ff.; Grieß, Einl. S. 3 ff.

[110] Bambergensis Art. 173; CCC Art. 147, 149; bei Zoepfel S. 124—129.

[111] Bambergensis Art. 43; CCC Art. 35, 36; bei Zoepfel S. 40—43.

[112] Bambergensis Art. 159; CCC Art. 134; bei Zoepfel S. 112—113.

[113] Siehe Neue Kriminalgesetzgebung S. 403 ff.

recht von 1497. Fast vier Fünftel der alten Vorschriften finden sich in ihm wieder vor; aber sie machen insgesamt nicht mehr als die Hälfte des neuen Stadtbuchs aus. Der andere Teil geht auf das gemeine Recht zurück[114]. Im Epilog zum Stadtrecht von 1605 heißt es denn auch, daß der Richter in allen Fällen, wo das hamburgische Gesetz versagt, „nach gemeinen beschriebenen Kayserlichen Rechten, und denen im heiligen Römischen Reich publicirten Constitutionen" urteilen solle. Tatsächlich ist aber das kaiserliche Recht noch weit einflußreicher gewesen, als der Epilog es vorsah. In dem ältesten erhaltenen Urteilsbuch des Niedergerichts von 1607/10 ist die CCC häufig zitiert. Oft findet sich das Zitat neben den Artikeln des hamburgischen Stadtrechts[115], mitunter berufen Anklage und Entscheidung sich ausschließlich auf die CCC[116]. Im Laufe des 17. Jahrhunderts hat sich dann das reine Inquisitionsverfahren in Hamburg durchgesetzt, während das Stadtrecht von 1605 diese Umstellung noch nicht vollzogen hatte und den Anklageprozeß als Regelfall beibehielt[117].

3.

a) Im Laufe des 16. Jahrhunderts hat sich in Hamburg die Praxis eingebürgert, daß die Ratschirurgen bei allen vorkommenden und ihnen von den Barbieren zu meldenden Verwundungen einen Wundbericht an den Prätor zu liefern hatten. Dieser Wundbericht stellte ein kurzes Gutachten dar und enthielt eine Beschreibung der Verletzungen und ihrer Gefährlichkeit. Er diente dem Prätor als Grundlage für eine etwa anzustellende gerichtliche Untersuchung. Noch im 17. Jahrhundert waren diese Wundberichte die am häufigsten im Prozeß verwandten Gutachten.

Ein genauer Zeitpunkt für die Einführung des regelmäßigen Wundberichts an den Prätor läßt sich nicht angeben. Zunächst war

---

114 Vgl. Reincke in Bilderhandschrift 1497 S. 20; Grieß, Vorrede S. 19; Neue Kriminalgesetzgebung S. 407 ff. Von der CCC hat aber das Stadtrecht von 1605 nur sehr wenig übernommen, vgl. Neue Kriminalgesetzgebung S. 423 ff.

115 Urteilsbuch 1), Urteilsprotokoll vom 15. März 1609 „datt Recht ctra Hans Moller". Der Angeklagte hatte Hans Burmester durch Messerstiche getötet. Die Anklage stützt sich auf Art. 137 CCC und Part IV Art. 17 des Stadtrechts. Beide Bestimmungen sind ebenfalls im Urteil zitiert; Urteilsprotokoll vom 26. April 1609 „datt Rechtt ctra Johan Brandt". Der Angeklagte hatte Beihilfe zum Einbruchsdiebstahl geleistet und dabei einen Dritten getötet. Die Anklage stützt sich auf Part IV Art. 16 und 33 sowie auf den Art. 159 CCC. Der Angeklagte wurde als Dieb bestraft. Der Urteilstenor nennt keine Gesetzesbestimmung.

116 Urteilsbuch 1), Urteilsprotokoll vom 11. November 1607 „datt Rechtt ctra Hans Schulten". Der Angeklagte hatte den Hans Wullenwefer bei der Ölmühle mit einer Stange überfallen, gejagt und verwundet. Der Verletzte war mit dem Leben davongekommen. Die Anklage stützt sich auf Art. 128 CCC und das Urteil erkennt nach dem Antrage. Derartige Verurteilungen allein auf Grund Art. 128 CCC kommen häufiger vor.

117 Vgl. Neue Kriminalgesetzgebung S. 430; Trummer Bd. I S. 12; Jacobj S. 19. Der öffentlich bestellte Ankläger, der Fiscalis, schwor in seinem Amtseid im Jahre 1669, er wolle dafür sorgen, daß in allen Straffällen „vermuge peinlicher halßgerichtsordnung vnd dieser stadt Statuten" die Strafe verhängt würde. Der Eid ist im Eidenbuch 3) S. 21 R enthalten.

es eine allgemeine Bürgerpflicht, bei der Aufklärung schwerer Verbrechen mitzuwirken[118]. Das traf besonders die Barbiere, die durch ihre Berufstätigkeit von den vorgefallenen Körperverletzungen Kenntnis erhielten. Aus der Gerichtsordnung von 1560 Art. 4 geht hervor[119], daß die Barbiere schon in dieser Zeit gesetzlich verpflichtet waren, dem Prätor über alle ihnen bekannt gewordenen Körperverletzungen zu berichten. Der Art. 4 dieses Gesetzes stellt zunächst fest, daß die Prätoren auch außerhalb des Gerichts die Verbrechensverfolgung mit Nachdruck betreiben sollten, daß aber viele Fälle von Körperverletzung und sonstige Gewalttaten nur deswegen nicht bestraft würden, weil die Barbiere pflichtwidrig keine Nachricht über die von ihnen behandelten Wunden an den Prätor gäben. Im folgenden werden für die Zukunft den Barbieren Strafen angedroht, falls sie ihre Mitteilungspflicht vernachlässigen würden[120]. Offenbar hat sich dann bald herausgestellt, daß die Berichte der Barbiere an das Gericht nicht genügten. Denn noch im Laufe des 16. Jahrhunderts muß die später in Part. I Tit. 3 Art. 4 des Stadtrechts von 1605 enthaltene Regelung getroffen worden sein, daß die Barbiere ihre Mitteilungen an den Ratschirurgen zu geben hatten, und daß dann dieser den Bericht für den Prätor nach erfolgter Untersuchung der Verwundungen abfaßte.

Nach dem ältesten erhaltenen Eid des Ratschirurgen vom Jahre 1601 schwört der Chirurg schon u. a., er wolle „jede schlacht und wunden" pflichtgemäß besichtigen und davon den Prätoren allzeit wahrhaftigen und getreuen Bericht geben; er wolle sich „redlich mit annenunge vnd auerandtwordung der Zedel nach verordnung düsses Gerichts vorholden ..."[121]. Der „Zedel", der in dem Eid erwähnt wird, ist der sogenannte Klagzettel. Er stellt den Wundbericht des Ratschirurgen an den Prätor dar[122].

Spätestens um 1588 muß der Ratschirurg diese Wundberichte schon regelmäßig ausgestellt und an den Prätor übergeben haben; denn nach Trummer[123] war der Klagzettel in dem früheren und in-

[118] Vgl. den Bürgereid von 1483, Anhang z. Rezeß von 1483, abgedr. bei Lünig S. 957 ff.

[119] Abgedr. bei Anderson Bd. III Abschn. 2 S. 1 ff.

[120] Am Schluß der Bestimmung wird zum Ausdruck gebracht, daß Einzelheiten noch in der Bursprake geregelt werden sollten; jedoch enthält die älteste vorhandene Bursprake von 1594, wie auch die folgenden, keine derartigen Vorschriften. Im Art. 41 der Bursprake von 1594 wird lediglich wiederholt, daß es Pflicht jedes Bürgers sei, bei der Aufklärung von Verbrechen, insbesondere von Mord und Totschlag, mitzuwirken. Ein Abdruck der noch erhaltenen Bursspraken befindet sich im „Nachtrag zum Verfassungsabdruck" S. 245 ff., sowie bei Lünig S. 1032 ff.

[121] Der Eid befindet sich in dem zweitältesten Eidenbuch auf S. 69 R (Eidenbuch 2). Dieses Buch soll nach seiner Aufschrift die Eide vom Jahre 1604—1675 enthalten. Der Eid des Ratschirurgen ist aber schon drei Jahre früher zum erstenmal geschworen worden; denn auf den Text des Eides folgt der Vermerk: „Hoc juramentum praestitit in pleno Senatu Petrus Moring. Actum Anno 1601. 14. July."

[122] Die Bezeichnung „Klagzettel" findet sich nur für die Berichte des Ratschirurgen, nicht auch für die Berichte der anderen Chirurgen oder Barbiere.

[123] Trummer Bd. I S. 205.

zwischen verlorengegangenen niedergerichtlichen Urteilsbuch, das mit dem Jahre 1588 begann, schon wiederholt genannt[124].

b) Trummer[125] und nach ihm Jacobj[126] behaupten, der Klagzettel sei ein Schriftstück gewesen, das den Klagvortrag mit den Anträgen bzw. die Antwort des Beklagten enthalten habe. Diese Annahme beruht auf einem Irrtum von Trummer[127], der offenbar dadurch entstanden ist, daß später das Wort „Klagzettel" durch Wundzettel ersetzt worden ist und die alte Bezeichnung verloren ging[128].

Das Wort Klagzettel wird im Gesetz selber nur an einer Stelle erwähnt, nämlich in Caput II Art. 11, der „neurevidirten Gerichts-Ordnung von 1645"[129]. Diese Stelle läßt die Natur des Klagzettels aber nicht erkennen. Es heißt in dieser Gesetzesbestimmung: „Ebenmäßiger Prozeß soll auch in peinlichen und Injuriensachen, wann dieselben per appellationem an das Obergericht erwachsen, regulariter gehalten; jedoch, daß in peinlichen Sachen allein die Nieder-Gerichts-Findung, die Zeugen-Aussagen und Uhrgicht neben dem Klagzettel soll gelesen werden ..." Allerdings spricht hier schon gegen die Ansicht von Trummer, daß in der gleichen Gerichtsordnung von 1645 in Caput II Art. 16 die Klagschrift genau wie im Stadtrecht von 1605 Part I Tit. 39 Art. 1 Klag-Libell heißt. Daß der Klagzettel tatsächlich der Wundbericht des Ratschirurgen gewesen ist, ergeben jedenfalls für die Mitte des 17. bis Anfang des 18. Jahrhunderts die Kommentare von v. d. Fecht und Schlüter zum Stadtrecht von 1605. v. d. Fecht sagt in der Anmerkung zu Part IV Art. 43[130]: „Wegen Verwundungen werden Klage-Zettul von des

---

[124] Aus dieser Tatsache kann geschlossen werden, daß in einer der verlorenen Bursprаken vor 1594 der Klagzettel eingeführt worden ist. — Das Urteilsbuch ist bei dem großen hamburgischen Brande von 1842 verlorengegangen. Trummer hatte es kurze Zeit vorher durchgesehen.

[125] Trummer Bd. I S. 203, 205, 246.

[126] Jacobj S. 29 Anm. 1.

[127] Trummer hat seine Behauptung nicht näher begründet. Er beruft sich lediglich auf die drei im hamburgischen Archiv befindlichen Fehmeakten des 15. Jahrhunderts (Fehmeakten 1—3). Dort ist aber nirgends vom „Klagzettel" die Rede. Trummer äußert lediglich in Bd. I S. 246, eines der Schriftstücke mit Mitteilungen zum Klagvortrag in den Fehmeakten sei „wahrscheinlich" der im 16. Jahrhundert sogenannte Klagzettel.

[128] In dem Kommentar zum Stadtrecht von 1605, den der 1735 verstorbene Aktuar Müller verfaßte (abgedr. im Thesaurus Bd. II S. 501 ff.), heißt es in einer Anmerkung zu Part I Tit. 3 Art. 4 im Hinblick auf die schriftlichen Mitteilungen des Ratschirurgen über die Wundbesichtigungen an den Prätor, man nenne diesen Bericht einen Wundzettel. In der Gerichtsordnung von 1711 ist die Bestimmung Part I Tit. 3 Art. 4 des Stadtrechts von 1605 in Tit. I Art. 14 enthalten. An dieser Stelle wird der Bericht des Ratschirurgen ebenfalls Wundzettel genannt.

[129] Bei Anderson Bd. III Abschn. 2 S. 45 ff.

[130] Bei dem Kommentar v. d. Fecht handelt es sich um ein gedrucktes Exemplar des Stadtrechts von 1605, das mit handschriftlichen Anmerkungen mehrerer Mitglieder der Familie v. d. Fecht versehen ist. Die Anmerkungen stammen aus der Zeit von etwa 1609 bis spätestens 1660. Der weitaus größte Teil der Anmerkungen stammt von Nicolaus v. d. Fecht, der 1626 Senator wurde; vgl. Lappenberg in Stadtrecht 1605, Einl. § 5 S. 27 f. Der Kommentar ist abgedruckt im Thesaurus Bd. I S. 861 ff.

Rats-Barbierer übergebe, darinnen alle Umständlichkeit, Gefahr des Lebens, ob es Fleisch Wunden, besorgende Accidentia, Schandmale ect, zur Nachrichtung verzeichnet werden." In dem Kommentar von Schlüter ist bei Part I Tit. 3 Art. 4[131] zu dieser Gesetzesbestimmung, die den Wundbericht des Ratschirurgen an das Gericht behandelt, die Bemerkung angefügt: „schriftlich zu erkennen geben) durchs Klage-Zettel".

Diese Bemerkungen von Autoren, die aus der Praxis ihrer Zeit schöpften, zeigen eindeutig, daß die Annahme von Trummer über die Natur des Klagzettels fehl geht. Das gleiche erweisen eine ganze Anzahl von Verhandlungs- und Urteilsprotokollen aus dem Anfang des 17. Jahrhunderts.

Unter den Rechnungen des Prätors Sebastian von Bergen aus den Jahren 1602—1604 befindet sich ein Schriftstück, das Mitteilungen über gerichtliche Verhandlungen wegen einer Verwundung enthält[132]. Der Anfang dieses Schriftstückes lautet: „M. Peter Moring[133] hefft ein Klagezedell auergeuen, ludende datt Hinrich Cremer, ein Kröger bi Kreienkampe Zillien Ouwmans mit einem Stock hebbe geslan[134].

— 2 wunden vp den kop, jedes eines groten Ledes[135]
lanck bet vp den knacken
— 1 wunden bi dat rechte ohr eines haluen nagels
bret vp der Schuldern Brun vnd Blauw

dissen man hebbe Ick dorch den dener Laten bescheden ..." Die Sache ist dann durch Zahlung einer Geldsumme an den Prätor von Bergen erledigt worden.

In diesem Schriftstück ist offensichtlich der Inhalt eines Klagzettels zum Teil wörtlich mitgeteilt; und es zeigt sich, daß der Klagzettel den Wundbefund des Ratschirurgen enthielt. Dies wird weiter durch mehrere Urteilsprotokolle aus dem ältesten erhaltenen hamburgischen Urteilsbuch des Niedergerichts aus den Jahren 1607—1610 bestätigt. Unter den etwa 350 Urteilen dieses Buches befinden sich 27 Straf- und Zivilverfahrensprotokolle, in denen der Klagzettel erwähnt ist[136]. In allen diesen Fällen handelt es sich um Ver-

---

[131] Der Kommentar von Matthäus Schlüter stammt aus dem Anfang des 18. Jahrhundert. Schlüter war von 1703—1719 Ratsherr, vgl. Lappenberg in Stadtrecht 1605, Einl. § 5 S. 31. Lappenberg rechnet diesen Kommentar zu den besten, die es über das hamburgische von 1605 gegeben hat. Der Kommentar ist im Thesaurus Bd. II S. 1 ff. abgedruckt. Die hier erwähnte Bemerkung von Schlüter ist im Thesaurus unter Art. 5 angeführt; sie gehört aber offensichtlich zu Art. 4.

[132] In der Akte „Präturrechnungen" unter Beilage lit A zu den Rechnungen des Prätors von Bergen.

[133] Der Magister Peter Moring war derzeit Ratschirurg, vgl. Gernet S. 366. Er ist derselbe Moring, der im Jahre 1601 den oben S. 29 Anm. 121 erwähnten Eid zuerst abgelegt hat.

[134] Die Einrückung sowie die vorgesetzten Bindestriche im folgenden entsprechen der Schreibweise im Original.

[135] Led bedeutet Glied, Fingerglied; vgl. das Wörterbuch Reinckes zur Bilderhandschrift 1497.

[136] Urteilsbuch 1). Die Protokolle sind in diesem Urteilsbuch in der Regel folgendermaßen angeordnet: sie beginnen mit einer gedrängten Darstellung des Sachverhalts nach dem Klagvortrag mit anschließendem Klagantrage. Darauf wird

wundungen, Mord oder Totschlag, um einen Sachverhalt also, bei dem der Bericht des sachverständigen Ratschirurgen im Prozeß von Bedeutung sein mußte. Nirgends findet sich dabei ein Anhalt, der für die Annahme von Trummer und Jacobj sprechen könnte.

Es ist danach festzustellen, daß gegen Ende des 16. und 17. Jahrhunderts der Wundbericht des Ratschirurgen an das Gericht in der gerichtlichen Praxis eine erhebliche Rolle gespielt haben muß. Er wurde aber nicht nur für den Prätor ausgestellt, sondern auch für die Verletzten selber. Unter den Urteilsprotokollen des Niedergerichts befinden sich eine größere Anzahl Privatklagen, mit denen die Kläger Bußen für erlittene Verletzungen verlangen und sich zum Beweise ihrer Ansprüche auf den Klagzettel berufen[137]. Vielleicht ist die Bezeichnung „Klag-Zettel" für den Wundbericht darauf zurückzuführen, daß ursprünglich vor allem die Verletzten ihn als Beweismittel für ihre Klage brauchten — die Wunde wird inzwischen oft geheilt und damit vielfach nicht mehr genügend sichtbar gewesen sein —, und daß erst im weiteren Verlauf der Entwicklung die Unterrichtung des Prätors über die vorgefallenen Verwundungen die wichtigere Aufgabe des Klagzettels wurde.

4.

Ob nun schon im 16. Jahrhundert daneben die Stadtphysiker in Hamburg zu gerichtlichen Zwecken als Sachverständige außer im Falle des Art. 42 part IV herangezogen worden sind[138], läßt sich aus den Quellen seit 1500 nicht mehr nachweisen. Auch der Amtseid der Physiker ist nicht erhalten[139]. Die Tatsache, daß in den Urteilsprotokollen des Niedergerichts von 1607 bis 1610 nirgends das Physikergutachten neben dem des Ratschirurgen genannt ist, legt die Vermutung nahe, daß die Physiker damals im allgemeinen keine

in Strafsachen die Verteidigung des Angeklagten und eine eventuelle Erwiderung des Anklägers mitgeteilt. Den Schluß bildet der Urteilstenor. Der Klagzettel wird regelmäßig als Beweismittel bei der Schilderung des Sachverhalts zuerst erwähnt. Meist geschieht dies mit der Bemerkung: „alles vormuge des Klagzedels, so ehr thouerlesen gebeden" oder „. . . wie ehr solches mit einem Klagzedell, so ehr gerichtlich thouerlesen gebeden bewiset". Weiter unten werden mehrere dieser Protokolle angeführt.

[137] Urteilsbuch 1), z. B. Urteilsprotokoll vom 1. Februar 1608: „Anna Steuens ctra datt Ampt der Sniders". (Einige Angehörige des Amtes der Schneider hatten die „Bonhasen gejaget" und u. a. der Klägerin „vormuge des Klagzedels" . . . „dat linkere oge brun vnd blauw geschlagen ock 2 blodtlose wunden alse weren sie gekratzet gewracht", als sie bei ihr wegen der Böhnhasen Haussuchung hielten.) Ebenso Urteilsprotokoll vom 4. Oktober 1609: „Arendt Dammes ctra Cordt Oldenborch et Consortes".

[138] In Hamburg gab es seit 1428 besoldete Stadtphysiker neben den Ratschirurgen; vgl. Gernet 1) S. 361. Allerdings waren die Physiker zunächst nur immer für einige Jahre verpflichtet, und es gab Zeiten, in denen sich die Stadt ohne Physiker behalf. Die Bugenhagensche Kirchenordnung von 1529 (abgedr. bei Klefeker Bd. VIII S. 84 ff.) enthielt die Bestimmung, daß die Stadt einen Physiker halten solle, desgl. der Rezeß vom 16. Februar 1529 in Art. 48. Aber in beiden Gesetzen ist von einer gerichtsärztlichen Tätigkeit der Physiker nicht die Rede.

[139] Der älteste erhaltene Physikereid stammt aus dem Jahre 1651. Er ist im Eidenbuch 3) S. 38 enthalten. Offenbar hat es in älterer Zeit keinen besonders für den Physiker vorgesehenen Eid in Hamburg gegeben; denn unter den Anmerkungen

gerichtsärztlichen Gutachten abgaben. Dagegen kann eine Anmerkung des Bürgermeisters Möller in seinem Kommentar zum Stadtrecht von 1605[140] dahin gedeutet werden, daß jedenfalls zu Anfang des 17. Jahrhunderts gelegentlich bei Straftaten nach Part IV Art. 42 ein Physikergutachten angefordert wurde. Möller bezieht sich nämlich zu Part IV Art. 42 auf Julius Clarus. Danach soll bei gerichtsärztlichen Gutachten im Falle des Art. 42 für die „medici vel chirurgi" ein besonderer Eid nicht erforderlich sein, wenn sie schon einen Amtseid geschworen haben. Möller fügt hinzu, „et ita etiam hic observatum". Die medici können hier nur die Physiker sein. Ob aber tatsächlich das Physikergutachten öfter eingeholt worden ist, läßt sich nicht sagen.

Zu Anfang des 17. Jahrhunderts ist man dann dazu übergegangen, bei der Beurteilung der Wunden neben dem Ratschirurgen auch die Physiker mit heranzuziehen. In der Apothekenordnung vom Jahre 1638[141] wird unter den Pflichten des Physikers und Subphysikers auch die Erteilung des „iudicium vulnerum" genannt[142]. Dieses Gutachten über Verwundungen sollten die Physiker aber offenbar nur in schweren Fällen erteilen; denn im Kapitel 4 Ziffer 1 heißt es in der Apothekenordnung von 1638, die Wundärzte sollten „insonderheit aber in gefehrlichen verwundungen jedesmahl im anfang, oder bey guter zeit, den Physicum, Sub-Physicum vnd des Rats Barbierer darbey fodern, damit sie ihre judicia darvon desto besser formiren vnd geben können".

Der Eid der Physiker vom Jahre 1651 enthält denn auch die Versicherung, daß die Physiker bei Verwundungen, falls sie dazu aufgefordert würden, ihr iudicium von „der Beschaffenheit der Schäden abgeben wollen.

---

zum Entwurf der Apothekenordnung von 1638 (in der Akte „Apothekenordnung"), welche die 60er verfaßten, wird an einer Stelle gefordert, man solle wegen der hohen Bedeutung des Physikats, insbesondere „in vulnerum inspectio et iudicio" einen besonderen Amtseid der Physiker schaffen.

[140] Vincent Möller wurde 1599 Bürgermeister und starb 1621. Vgl. Lappenberg in Stadtrecht 1605, Einl. § 5 S. 26. Die obige Anmerkung ist im „Stadtrecht 1605" zu Part IV Art. 42 mitgeteilt.

[141] „Revidirte und verneuerte Apoteken Ordnung der Stadt Hamburg", abgedr. bei Klefeker Bd. XII S. 90 ff.

[142] In Art. 1 der Apothekenordnung von 1638. Diese Pflicht zur Gutachtenerteilung über Verwundungen war schon in dem Entwurf zur Apothekenordnung vom Jahre 1634 (in der Akte „Apotheken-Ordnung") enthalten. Die älteste hamburgische Apothekenordnung vom Jahre 1586 (in der Akte „Apothekenordnung") enthält keine derartige Bestimmung. Es fällt auf, daß der Art. 1 (1638) davon spricht, es sei „von undenklichen Jahren hero löblich hergebracht", daß die Stadt einen Physiker und Subphysiker erwählt habe, die zur Aufsicht über die Apotheken, zur Prüfung der Hebammen und zum „vulnerum judicio" verpflichtet seien. Offenbar ist aber mit der Berufung auf das alte Herkommen nur der Umstand gemeint, daß zwei Physiker bestellt werden sollen. Darum ging nämlich ein Streit zwischen dem Rat, der zwei Physiker durchsetzen wollte, und der Bürgerschaft, die mit Rücksicht auf die entstehenden Unkosten die Beschränkung auf einen Physiker für richtig hielt. Vgl. hierzu Gernet S. 181 f.

5.

Gelegentlich ist im 16. und 17. Jahrhundert auch ein Gutachten der Ratshebamme eingeholt worden. Unter den Rechnungen des Prätors Ehsich vom Jahre 1599[143] befindet sich der Vermerk, daß der Prätor an eine Hebamme für „etliche sake tho verrichtend" eine Summe gezahlt habe. Hier könnte es sich um eine gerichtliche Gutachtertätigkeit gehandelt haben. In dem Urteilsprotokoll des Niedergerichts vom Jahre 1608 in Sachen gegen Gretken Siuers ist eine Hebamme als Sachverständige erwähnt[144]. Die Angeklagte hatte ihr außerehelich empfangenes Kind ohne Hinzuziehung einer Hebamme zur Welt gebracht. Das Kind sollte nach Angaben der Kindesmutter bei der Geburt nicht mehr gelebt haben. Der Fiscalis hatte Anklage wegen Kindesmordes erhoben. Der Verteidiger trug vor, das Kind sei wegen der schweren Berufsarbeit der Mutter vorzeitig geboren worden, „woher dat Kindt, wie solchs die Bademoder gethuget vnd vthgesegt dodt thor Werlt gekahmen". Offenbar trat in diesem Prozeß die Hebamme als sachverständige Zeugin auf. Vermutlich wird es die Ratshebamme gewesen sein. Es darf angenommen werden, daß damals Gutachten der Hebamme nur selten eingeholt worden sind; denn obwohl z. B. in dem Urteilsbuch von 1607/10 mehrere Strafverfahren gegen Kindesmörderinnen und Verfahren wegen Sittlichkeitsverbrechen an Frauen enthalten sind, ist nirgends außer dem einen genannten Fall das Zeugnis einer Hebamme erwähnt[145].

6.

Die Aufgaben, die den medizinischen Sachverständigen jetzt gestellt wurden, hatten sich gegenüber dem 15. Jahrhundert in mancher Hinsicht geändert. Aus dem 16. Jahrhundert sind allerdings nur sehr wenige Quellenbelege erhalten. Aber die Neuerungen des 17. Jahrhunderts reichen auf die Reformbestrebungen des 16. Jahrhunderts zurück und bestätigen in vielen Fällen, tatsächlich nur, was die Praxis inzwischen ausgebildet hatte.

Bestimmend war bei dieser Entwicklung die Durchsetzung des Inquisitionsverfahrens, auf die oben S. 36 ff. schon hingewiesen wurde. Der Arzt war jetzt der Gehilfe des Richters bei der Verbrechenserforschung geworden. Das zeigt sich besonders anschaulich in der schon im 16. Jahrhundert festgelegten Pflicht des Ratschirurgen, seine Wundberichte unaufgefordert an den Prätor einzureichen.

Zunächst gehörte die Feststellung der Tödlichkeit einer Wunde zu den Aufgaben der Ärzte. Unter den Klagzetteln Peter Morings

[143] Eberhard Ehsich, Eintragung vom 5. November 1599 in der Akte „Präturrechnungen".

[144] Urteilsbuch 1), Urteilsprotokoll vom 1. Juni 1608 „datt Rechtt ctra Gretken Siuers".

[145] Über den medizinischen Wert dieser Gutachten läßt sich nichts Sicheres sagen. Die aus späterer Zeit erhaltenen Gutachten sind sehr dürftig, und es besteht kein Anlaß zu der Annahme, daß sie früher besser gewesen sein sollten.

befinden sich mehrere, in denen zum Ausdruck gebracht ist, daß eine Verletzung den Tod herbeigeführt habe[146]. Der Ratschirurg hat offenbar damals regelmäßig die Leichenschau besorgt. Vermutlich wird er bei Verdacht einer Vergiftung wie auch in dem Falle, daß die Todesursache aus anderen Gründen unsicher war, gelegentlich die Sektion vorgenommen haben. Aber solche gerichtlichen Sektionen scheinen damals doch nur sehr selten in Hamburg ausgeführt worden zu sein. Sie waren auch außerhalb Hamburgs nicht häufig[147].

Im 18. Jahrhundert hat ein lebhafter wissenschaftlicher Streit um die Frage geherrscht, ob die Kausalität zwischen der Verwundung und dem Todeseintritt grundsätzlich in jedem Fall durch Ärzte nachgewiesen werden müsse oder nur bei Part IV Art. 42. Der Streit geht sicher schon bis ins 17. Jahrhundert zurück, obwohl Quellenbelege darüber nicht vorhanden sind. Diese Auseinandersetzung soll erst unten im Abschnitt IV besprochen werden. Ich möchte annehmen, daß die Praxis vielleicht schon im 16. und sicher im 17. Jahrhundert wie später nachweisbar der herrschenden Ansicht gefolgt ist und in jedem Fall den Nachweis der Kausalität gefordert hat.

Das Stadtrecht von 1605 kennt neben der tödlichen Verletzung die „gefährliche Verwundung"[148]. Dies ist die Fahrwunde des 15. Jahrhunderts. Die Feststellung, ob eine Fahrwunde vorlag, war im ärztlichen Gutachten, abgesehen von den strafrechtlichen Folgen, im übrigen deswegen besonders wichtig, weil nach Part IV Art. 44 eine gefährliche Verletzung die Verhaftung des Täters zur Folge hatte und die Abwendung der Verhaftung durch Stellung eines Bürgen oder Hinterlegung einer Kaution unzulässig war.

Die Zahl der Wunden hatte nicht mehr die gleiche Bedeutung wie früher; denn Part IV Art. 24 des Stadtrechts von 1605 bestimmte jetzt im Gegensatz zu Art. O VI des Stadtrechts von 1497, daß alle an einem Überfall Beteiligten ohne Rücksicht auf die Zahl der Wunden haftbar sein sollten. Jedoch konnte die Todesstrafe nur gegen einen der Angeklagten verhängt werden, wenn ihm nachgewiesen war, daß er den tödlichen Schlag geführt hatte. Hier hätte vielleicht das Gutachten der Ärzte die Überführung des Mörders erleichtern können. Aus den erhaltenen Gutachten ist aber nirgends zu erkennen, daß die Ärzte sich bemüht hätten, dem Gericht Indizien zu vermitteln.

Die Verwundungen wurden im übrigen begrifflich nicht weiter unterschieden. Das zeigt auch die oben S. 45 zitierte Bemerkung des Kommentars v. d. Fecht zu Part IV Art. 43. Nur für die leichteste Art der Verletzung enthält das Gesetz noch in Part IV Art. 56 eine besondere Bezeichnung: „braun und blau". Die „Schandmale", „be-

[146] Urteilsbuch 1), z. B. Urteilsprotokoll vom 2. Mai 1608: „datt Rechtt ctra Dirick Eickerman"; vom 17. Januar 1610: „datt Rechtt ctra Johan Kock"; vom 24. Januar 1610: „datt Rechtt ctra Joachim Wullenweffer"; vom 18. April 1610: „datt Rechtt ctra Frederich Meyer".

[147] Vgl. Mende S. 103 ff.

[148] Part IV Art. 43/44, Stadtrecht von 1605.

sorgenden Accidentia“, von denen v. d. Fecht in der angeführten Bemerkung spricht, haben nicht die Bedeutung eines festen Wundkataloges mit für jede Wundart genau festgelegten Bußen.

Die Quellen geben keine Auskunft darüber, seit wann die Ärzte Gutachten über die geistige Zurechnungsfähigkeit Angeklagter abgegeben haben. Erst das Stadtrecht von 1605 brachte in Part IV Art. 22 die Bestimmung, daß gegen „Unsinnige“ keine Todesstrafe verhängt werden dürfe. Sicher ist man früher schon ebenso verfahren, zumal die CCC bereits in Art. 179 eine ähnliche Vorschrift enthielt. Der älteste in Hamburg belegte Fall dieser Art stammt erst aus dem Jahre 1678. Eine Kindesmörderin wurde „testantibus Physico et Sub-Physico . . . am Leben pardonirt, propter delirium autem ad dies vitae ins Spinnhaus condemnirt, ne noceret sibi vel aliis“ [149].

7.

a) Während die Aufgaben der Ärzte nach dem Gesetz sich in einzelnen Teilen geändert hatten, zeigt der Inhalt der Gutachten noch zu Anfang des 17. Jahrhunderts viel Ähnlichkeit mit der früheren Zeit. Das gilt insbesondere für die Wundberichte des Ratschirurgen, die die regelmäßig dem Gericht vorgelegten Gutachten darstellten.

Vielfach finden sich in den Klagzetteln die alten Wundbezeichnungen. Die Berichte sind äußerst kurz und weisen nur geringe Ansätze zu einer genaueren medizinischen Darlegung des Wundbefundes auf. Das oben S. 31 mitgeteilte Verfahrensprotokoll in Sachen Hinrich Cremer enthält ein typisches Beispiel für einen solchen Wundbericht. Die Wunden sind nach Finger und Nagel ausgemessen und äußerst kurz gekennzeichnet. Andere Protokolle aus dem Urteilsbuch des Niedergerichts von 1607/10 zeigen ein ähnliches Bild[150].

Häufig ist in den Klagzetteln zum Ausdruck gebracht, daß die Wunde lebensgefährlich sei[151]. Auch die Bezeichnung „Fahrwunde“ findet sich an mehreren Stellen[152]. In einem Urteilsprotokoll wird an

[149] Mitgeteilt von Schreining in seinem Kommentar zum Stadtrecht, abgedr. im Thesaurus Bd. I S. 965 ff. in der Anm. zu Part IV Art. 23.

[150] Urteilsbuch 1), z. B. Urteilsprotokoll vom 6. April 1608: „datt Rechtt ctra Pauwell Cordes“ („. . . dat die wunde vngefehrlich einen kleinen Nagell breitt gewesen“); vom 2. Mai 1610: „datt Rechtt ctra Joachim Eilers“ („. . . vnd hedde der dode nhur ein klein Lock eines nagels lanck in dem houede gehatt“); vom 5. September 1610: „datt Rechtt ctra Michael Schotten“ („. . . einen schnede langst die Backen eines haluen fingers lanck, noch einen schnede langst den Armen eines fingers lanck“). — Im Fall Hinrich Cremer ist der Inhalt des Klagzettels vom übrigen Text des Protokolls deutlich abgesetzt. Im Urteilsbuch des Niedergerichts von 1607—10 sind dagegen die Klagzettel in den Text hineingearbeitet; immerhin lassen sie sich einwandfrei wieder herstellen.

[151] Urteilsbuch 1), z. B.: „darby gefahr des leuendes vorhanden“, oder: „dat idt eine gefahr sy . . .“; so im Urteilsprotokoll vom 2. Mai 1608: „datt Rechtt ctra Bartoldt Rock“; vom 17. Januar 1610: „datt Rechtt ctra Johan Kock“; vom 2. Mai 1610: „datt Rechtt ctra Joachim Eilers“.

[152] Urteilsbuch 1), z. B. Urteilsprotokoll vom 25. September 1609: „datt Rechtt ctra Jürgen vnd Hinrich Brouen“ („. . . thodeme so wehre vth dem vorlesenen Klagzedell thoersehende . . . dat sie beide demsuluigen eine Fahrwunde

einer Stelle vermerkt, daß die Parteien sich darüber stritten, ob die Wunde eine „Lehmnisse“ zur Folge gehabt[153]. Bei diesem Verfahren handelt es sich aber nicht um eine öffentliche Anklage. Die sog. „Lehmnisse“ scheint in dieser Zeit nicht mehr die frühere Bedeutung zu haben, sondern nur noch die Lähmung im heutigen Sinne des Wortes zu bezeichnen. Die Feststellung, daß der Verletzte „braun und blau“ geschlagen sei, kommt mehrfach vor[154]. Im übrigen enthalten die Urteilsprotokolle, in denen auf den Klagzettel Bezug genommen wird, gelegentlich die Angabe, daß ein Messerstich bis auf den Knochen gedrungen sei[155], daß der Knochen nicht „beinschrötig“[156] oder daß die Pulsader „affgesteken“[157] sei.

b) Was bisher in Bezug auf die Wundberichte des Ratschirurgen gesagt wurde, muß entsprechend auch für die Gutachten der Physiker gelten. Für die Annahme, daß diese Gutachten bis zum Anfang des 17. Jahrhunderts ausführlicher gewesen sind, bietet sich kein Anhalt. Erhalten ist keines von ihnen. Dagegen scheint sich dieser Zustand in den ersten Jahrzehnten des 17. Jahrhunderts geändert zu haben, d. h. in der Zeit, als durch die neue Apothekenordnung von 1638

---

gewracht . . .“); Urteilsprotokoll vom 19. März 1610: „datt Rechtt ctra Christoffer Andreas et Consortes“ (Der Tote hatte vier Fahrwunden „ludt des Klagzedels“); Urteilsprotokoll vom 23. Man 1610: „datt Rechtt ctra Martten Grysen“ („. . . Darunter dan ock 2 Fahrwunden gewesen alles vermuge des Klagzedels . . .“). In den beiden zuerst genannten Fällen waren die Fahrwunden an den Getöteten festgestellt worden. Im Fall Grysen hatte der Angeklagte selber Fahrwunden bei der Schlägerei empfangen und wollte mit dem Klagzettel beweisen, daß er in Notwehr gehandelt habe.

[153] Urteilsbuch 1), Urteilsprotokoll vom 4. Oktober 1609: „Arendt Dammes ctra Cordt Oldenborch et Consortes.“

[154] Urteilsbuch 1), z. B. Urteilsprotokoll vom 22. Januar 1608: „datt Rechttt ctra Johan Symens“ (Der Angeklagte hatte „. . . Sillien Folmern by dem Douenflete vp dem heimlichen gemarck gewaltsamer wise auerfallen diesuluigen dull tractiret brun vnd blauw geslagen vnd schwerlich verwundet alles vermuge des Klagzedels“. Die Verletzte war an den Folgen der Mißhandlungen gestorben. Der Angeklagte wurde zum Tode verurteilt.); ferner Urteilsprotokoll vom 5. Oktober 1608: „datt Rechtt ctra das Ampt der Snider“ (Die Schneider hatten wieder einmal unbefugt die Böhnhasen gejagt und dabei „. . . nicht alleine Jacob thor Brüggen . . . ahn hellen dage vp freyer herstraten feuentlicher muthwilliger wise auerfallen densuluen mit gewaldt sines hern mantell ein mest ein nesedock vnd ein par hanschen affgenahmen sunder ock densuluen mit einem beyll brun vnd blauw geschlagen alles vermuge des Klagzedels . . .“).

[155] Urteilsbuch 1), Urteilsprotokoll vom 5. September 1610: „datt Rechtt ctra Michael Schotten“ („. . . einen stecke in den kop beth vp den knacken . . . alles vermuge des Klagzedel“).

[156] Urteilsbuch 1), Urteilsprotokoll vom 2. Mai 1610: „datt Rechtt ctra Joachim Eilers“ („. . . vnd were der Knacke gantz nicht gebagen oder beynschrodig“).

[157] Urteilsbuch 1), Urteilsprotokoll vom 28. November 1608: „datt Rechtt ctra Claues Schotten“ (Der Angeklagte hat den Johan van Holten „mit einem meste schwerlich in den Arm vorwundet vnd ehme die pulsader affgestecken daruan ehr nha etlichen dagen dodes vorfahren . . .“); Urteilsprotokoll vom 23. Mai 1610: „datt Rechtt ctra Martten Grysen“ (Der Angeklagte hat dem Caspar Kock „eine wunde twischen dem halse vnd der linken schuldern bauen dat wegebeyn dorch die wandt in dat liff gewracht vnd die ader affgestecken dat ehr nhumehr daruan dodes vorfahren alles vermuge des Klagzedels . . .“).

das Gutachten der Physiker bei schweren Verwundungen gesetzlich vorgeschrieben wurde. Damals hat die ärztliche Wissenschaft auch in Hamburg bedeutende Fortschritte gemacht. Im Jahre 1644 wurde von hamburgischen Ärzten unter Führung der Physiker ein collegium medicum gegründet, das über Hamburgs Grenzen hinaus Ansehen genoß[158]. Vor dieser Zeit deutet nichts in den erhaltenen Quellen darauf hin, daß der Fortschritt in der medizinischen Wissenschaft die hamburgische Gerichtspraxis oder die Gutachten der Ärzte selber irgendwie berührt hätte.

Besonders seit der Mitte des 17. Jahrhunderts ist die Bedeutung der Physiker dauernd weiter gewachsen. Der Chirurg hat als gerichtlicher Gutachter in Peter Moring offenbar seinen fähigsten und tätigsten Repräsentanten gehabt. Seit damals tritt er vor den Physikern mehr und mehr zurück. Der Grund für diese Entwicklung lag lag darin, daß die Chirurgen infolge ihrer schlechteren beruflichen Ausbildung mit den Fortschritten der Wissenschaft nicht mehr Schritt halten konnten. Zur Abfassung ausführlicher medizinischer Gutachten waren sie nicht in der Lage[159]. Die Gerichte aber forderten, seit sich das Inquisitionsverfahren durchgesetzt hatte, vollständige Gutachten, die den medizinischen Sachverhalt wirklich klärten. Diesen Ansprüchen konnten allein die Physiker gerecht werden; und auch sie haben in der Folgezeit — wie sich zeigen wird — noch lange zu lebhaften Klagen Anlaß gegeben.

8.

Die Wundberichte des Ratschirurgen wurden nach den gesetzlichen Bestimmungen dem Prätor ohne besondere Aufforderung zugeschickt. Dadurch bekam der Prätor die Anregung zur Einleitung der Inquisition. Wenn er es für nötig hielt, forderte er weitere Gut-

[158] Vgl. Gernet S. 186 f.; Schrader S. 8. Der Plan zur Gründung des collegium medicum reichte bis 1635 zurück; es hat sich um 1722 aufgelöst. Über die Tätigkeit des Kollegiums geben die „Akten über das collegium medicum“ im Archiv der Hansestadt Hamburg nur spärliche Auskunft. — In dieser Zeit veröffentlichten die Italiener Fortunate Fedele (1551—1630) und Paolo Zacchia (1584—1659) ihre für die gerichtliche Medizin grundlegenden und in der folgenden Zeit maßgeblichen Werke, vgl. Bohne S. 28 f. Anm. 1; Mende S. 98 ff. — In der Mitte des 16. Jahrhunderts war auch in Frankreich das gerichtsärztliche Gutachten gebräuchlich. Der französische Wundarzt Paräus verfaßte im Jahre 1582 eine Anleitung zur Abfassung ärztlicher Gutachten; vgl. Mende S. 105 ff., 113. Vielleicht hat die von dort ausgehende Anregung dazu beigetragen, daß um 1600 der Wundbericht des Ratschirurgen in Hamburg diese Bedeutung gewinnen konnte. Damals nahm auch die medizinische Wissenschaft in Holland einen bedeutenden Aufschwung; vgl. Gernet S. 180. Zu dieser Zeit studierten zahlreiche hamburgische Mediziner in Holland; vgl. Haraeus in Ztschr. IX S. 562 ff.

[159] Immerhin ist der Ratschirurg auch in dieser Zeit und später noch zur Erteilung besonderer Gutachten neben den Physikern in einzelnen Fällen herangezogen worden; z. B. Urteilsuch 2), Urteil vom 15. Mai 1643 in Sachen Fiscalis in crim. ctra Rolef Schult: „Ist Erkandt, daß der Herrn Medicoz und des Rhats Balbierer Bedenken hierüber eingenommen“ werden solle. Es handelte sich offenbar um eine Strafsache nach Part IV Art. 42. Einzelheiten sind zu diesem Fall nicht bekannt. Das Urteilsbuch 2) enthält nur den Tenor der Urteile.

achten vom Ratschirurgen, von den Physikern oder der Ratshebamme an[160]. Diesen inquisitorischen Zwecken des Wundberichts entsprach, daß der Ratschirurg im Bericht gelegentlich angab, wen er für den mutmaßlichen Täter hielt[161]. Nachdem der Prätor seine Untersuchungen abgeschlossen hatte, kam der Wundbericht zu den Akten des Anklägers, des Fiskalis, und wurde von ihm im Prozeß als Beweismittel verwandt. So stellt sich jedenfalls das Verfahren nach den Protokollen des niedergerichtlichen Urteilsbuchs von 1607/10 in Übereinstimmung mit der späteren Praxis dar.

Auch das Niedergericht selber konnte im Laufe der Verhandlung das Gutachten der Ärzte anfordern. Ein Beispiel dafür bietet das Urteilsprotokoll vom 2. Mai 1610 „datt Rechtt ctra Joachim Eilers"[162]. Der Angeklagte hatte bei einer Schlägerei seinem Gegner einen Faustschlag versetzt, durch den dieser rückwärts zu Fall gekommen war. An den Folgen dieses Sturzes sollte der Verletzte gestorben sein, wie der Fiskalis in der Anklage behauptete. Den Beweis suchte der Fiskalis nicht durch einen Klagzettel, sondern „mit einer boeidete tuchnisse" zu führen. Der Verteidiger bestritt, daß der Verletzte an den Folgen des Sturzes gestorben sei. Darauf ist im Urteilsprotokoll vermerkt: „M. Peter Moring hefft dem Erb.-Gerichte relation gedhan dat ganz und gar keine gefahr darbey vorhanden vnd hedde der dode nhur ein klein Lock eines nagels lanck in em houede gehatt vnd were der Knacke gantz nicht gebagen oder Beynschrodig." Daraufhin erfolgte der Freispruch des Angeklagten.

Da auch der Rat damals in seiner Eigenschaft als Obergericht selber inquirierte, wird er ärztliche Gutachten ebenfalls angefordert haben.

9.

Aber nicht nur das Gericht, sondern auch die Angeklagten brachten gelegentlich zu ihrer Entlastung ärztliche Gutachten bei. Derartige Fälle sind in Hamburg zuerst im niedergerichtlichen Urteilsbuch von 1607—1610 nachzuweisen. So wurde beispielsweise im Jahre 1610 Martten Grysen vom Fiskalis angeklagt, den Caspar Kock ermordet zu haben[163]. Der Ankläger verlas den Klagzettel, mit dem er den Mord nachzuweisen suchte und berief sich auf

---

[160] Die Verpflichtung zur Einholung der Gutachten leitete sich, abgesehen von Part IV Art. 42, lediglich aus den inquisitorischen Aufgaben des Prätors her. Gesetzliche Vorschriften gab es auch außerhalb Hamburgs dazu meist nicht; vgl. Kleinschrod, Archiv Bd. V Stück 3 § 4 S. 11.

[161] Urteilsbuch 1), Urteilsprotokoll vom 24. Januar 1610: „datt Rechtt ctra Joachim Wullenweffer": Der Angeklagte bestritt hier, daß er den tödlichen Stich gegen den Ermordeten geführt habe. Der Ratschirurg hatte den Angeklagten im Klagzettel als den Täter bezeichnet. Im Urteilsprotokoll heißt es: „M. Peter Moring berichtet dat he vth des entliueden munde gehöret dat Joachim Wullenweuer ehme den stecke gedhan derentwegen ehr dat Klagzedell also geschreuen."

[162] Im Urteilsbuch 1).

[163] Urteilsbuch 1), Urteilsprotokoll vom 23. Mai 1610: „datt Rechtt ctra Martten Grysen".

Zeugen. Der Angeklagte machte geltend, er habe sich in Notwehr befunden. Er sei stark angetrunken gewesen und habe sich, um auszuruhen, eine zeitlang vor dem Haus des Kock niedergesetzt. Darauf sei Kock zu ihm herausgekommen, habe ihn überfallen und schwer verwundet. Zum Beweise hierfür ließ er durch seinen Prokurator einen Wundbericht verlesen, in dem festgestellt war, daß er u. a. zwei Fahrwunden empfangen hatte. Das Gericht stellte allerdings fest, daß die Notwehr nach Part IV Art. 40 nicht nachgewiesen sei und verurteilte den Angeklagten zum Tode.

10.

Den Quellen ist wenig darüber zu entnehmen, in welcher Art das medizinische Gutachten im 16. Jahrhundert von den hamburgischen Gerichten bewertet worden ist. Mit hinreichender Begründung läßt sich erst vom 17. Jahrhundert einiges sagen. Man wird aber annehmen dürfen, daß die Grundsätze, die im 17. Jahrhundert galten, im großen und ganzen auch schon im 16. Jahrhundert beachtet worden sind. Dabei darf allerdings nicht übersehen werden, daß gerade das 17. Jahrhundert in der Bewertung der gerichtsärztlichen Gutachten nicht einheitlich verfuhr. Ob man nun in Hamburg den Ärzten mit der gleichen Skepsis begegnete, wie das Clarus, der maßgebliche Lehrer des Inquisitionsprozesses, tat, möchte ich bezweifeln. In den überlieferten Quellen ist das jedenfalls nicht zu belegen. Immerhin wird die Meinung des Clarus, der im 17. Jahrhundert häufiger von den Kommentatoren des hamburgischen Stadtrechts von 1605 zitiert wird[164], nicht ganz ohne Einfluß gewesen sein. Clarus sagt über die Glaubwürdigkeit der ärztlichen Gutachten in Lib. V § homicidium, no. 43:

> „... Sed certe apud nos non servatur, quod absolute standum sit in hoc iudicio peritorum: quinimo saepius vidi, nullam fidem adhibitam fuisse huiusmodi peritis, praesertim deponentibus ad defensam, quod vulnus non erat lethale, vel quod vulneratus decesserat ex malo regimine, solent enim id de facili deponere, tum ut faveant inquisitis, tum etiam ut ipsi effugiant culpam malae curationis. ... vidimus quod circa tales protestationes medicorum solent committi fraudes, cum multi corrupti pecunia, vel gratia, protestantur contra veritatem. Propterea tutius est dicere, quod in hoc, an vulneratus decesserat ex vulnere, vel non, standum est arbitrio iudicis, qui considerata qualitate, et loco vulneris, et relatione medicorum, ... aestimabit, an ex ipso vulnere, an autem ex alia causa decesserit ...“

Aus dem Urteilsbuch des Niedergerichts von 1607—1610 ist zu ersehen, daß die hamburgischen Richter regelmäßig der Ansicht des ärztlichen Gutachtens gefolgt sind. In einigen Fällen nimmt das Gericht im Urteilstenor ausdrücklich auf den Klagzettel Bezug, indem es etwa sagt: „diewile vth dem Klagzedell thoersehende“, daß

[164] Siehe oben S. 17 Anm. 57.

der Tote vier Wunden gehabt hat[165] oder „diewile vth dem vorlesenen Klagzedell thoersehende dat die frouwe brun vnd blauw geschlagen“[166]. An einer Stelle hat das Gericht ausdrücklich im Urteilstenor festgestellt, daß „dat Klagzedell by werden erkandt“ wird[167]. Daraus läßt sich folgern, daß der Richter offenbar auch gegen das Gutachten Stellung nehmen konnte, und daß auch dem Angeklagten die Möglichkeit gegeben war, sich gegen das Gutachten zur Wehr zu setzen. Die weiteren Einzelheiten des Verfahrens sind aber nicht nachzuweisen. Vermutlich wird das Gericht die Gutachten in freier Beweiswürdigung gewertet haben und jedenfalls insoweit mit der Ansicht von Clarus übereingestimmt haben.

---

165 Urteilsbuch 1), Urteilsprotokoll vom 19. März 1610: „datt Rechtt ctra Christoffer Andreas et Consortes“.

166 Urteilsbuch 1), Urteilsprotokoll vom 1. Februar 1608: „Anna Steuens ctra datt Ampt der Sniders“.

167 Urteilsbuch 1), Urteilsprotokoll vom 10. Oktober 1608: „M. Hans Wolters ctra M. Clauwes Horstman“.

IV. Das 18. Jahrhundert bis zu den Reformen in den 90er Jahren.

1.

Zu Anfang des 18. Jahrhunderts war Hamburg von einer schweren Krise des gesamten Staatswesens heimgesucht[168]. Die Anfänge gingen schon in das 17. Jahrhundert zurück. Der Kaiser sah sich mehrfach genötigt einzugreifen. Ein verantwortungsbewußter Hamburger Bürger schrieb damals[169]: „demnach die regierung in allen hauptstücken voller mangel vnd gebrechen, in massen bekant, das die iustiz fast gahr verlohren, die einkommen vbel eingebracht vnd offt liederlich ausgeben, keine gute ordnung oder polizey vorhanden oder gehandhabt, auch in dem Rhatt selbs meistes ohne ordnung daher gehe, vnd wo das nicht geendert, genzlicher vntergang endtlich erfolgen muß ..." Schließlich aber gelang es der letzten vom Kaiser eingesetzten Kommission, unter dem Schutze von Reichstruppen Ordnung zu schaffen. Seit dem Jahre 1711 hat dann die unterbrochene Entwicklung ihren Fortgang nehmen können.

a) Das gilt auch für die gerichtsärztliche Tätigkeit. Sie verfolgte die Richtung weiter, die schon im 17. Jahrhundert festzustellen war. Vor allem fällt auf, daß jetzt die Gutachten der Physiker in allen schwierigen Fällen offenbar allein den Ausschlag gaben. Das kommt auch in der Bestimmung Tit. 1 Art. 14 der „revidirten Gerichtsordnung" von 1711 zum Ausdruck. Dieses Gesetz ist zwar in Hamburg nicht in Kraft getreten[170]; es zeigt aber den Stand der Praxis. In Erweiterung der alten Vorschrift Part I Tit. 3 Art. 4 des Stadtrechts von 1605 ordnete die Gerichtsordnung von 1711 an, es

---

[168] Vgl. Gernet S. 253 ff.

[169] Das Schriftstück befindet sich in der „Akte zur Justizreform" (ohne bes. Nummer).

[170] Daß die Gerichtsordnung von 1711 tatsächlich in der Praxis nicht beachtet wurde, obwohl sie vom Kaiser bestätigt war, zeigen die gemeinen Bescheide des Obergerichts von 1732 und 1740 — abgedr. bei Anderson Bd. III Abschn. 2 S. 273 ff. — Diese Bescheide nehmen nämlich nur auf die alte hamburgische Gerichtsordnung von 1645, die geringe Abänderungen zum Stadtrecht von 1605 enthielt, Bezug und lassen die Gerichtsordnung von 1711 unerwähnt; vgl. Westphalen Bd. I S. 261. Daneben überrascht, daß Klefeker im Bd. V S. 487 f. die Bestimmung Tit. 1 Art. 14 aus der Gerichtsordnung von 1711 wörtlich anführt, als wäre sie ein geltendes Gesetz. — Im Jahre 1711 ist von der Kaiserlichen Kommission auch eine neue Apothekenordnung verfaßt worden. Auch sie trat trotz der Bestätigung des Kaisers nicht in Kraft; vgl. Gernet S. 269 f. Sie brachte übrigens keine wesentlichen hier zu beachtenden Änderungen.

solle jedem frei stehen, sich die Wundzettel statt vom Ratschirurg, vom Physiker erteilen zu lassen[171]. Wahrscheinlich waren gelegentlich Bedenken gegen die medizinische Richtigkeit der vom Ratschirurgen verfaßten Berichte erhoben worden.

Bei einer Neufassung des Physikereides im Jahre 1733[172] wurden auch gegenüber dem früheren Zustand die Verpflichtungen ausführlicher bezeichnet, die den Physikern bei Erteilung ihrer gerichtsärztlichen Gutachten oblagen. Bei „Verwundungen und Entleibungen" sollten sie die angeforderten Gutachten sorgfältig abfassen und „die Umstände genau erwägen, solche alle und jede, so spezial als möglich, zu E. Hochw. Raths und der Gerichte desto besseren Erkenntnis bemerken und nichts verschweigen".

b) Daneben wurde aber auf die Erteilung der Wundberichte großes Gewicht gelegt. Das erklärt sich aus dem Interesse der Inquisition an dem regelmäßigen Eingang dieser Nachrichten über alle vorkommenden Verwundungen. Aber die Bedeutung der Wundberichte liegt jetzt fast ausschließlich darin, daß sie den Prätor unterrichten, während sie als Gutachten nur geringe Bedeutung haben. Immerhin blieben diese Berichte später bei den Prozeßakten[173].

Die Rechnungen des Ratschirurgen Leetz an die Prätoren aus den zwanziger Jahren des 18. Jahrhunderts[174] zeigen, daß die Tätigkeit des Ratschirurgen auf Grund des Part I Tit. 3 Art. 4 damals sehr umfangreich gewesen ist[175]. Anscheinend ist diese Gesetzesbestim-

---

171 Die Wundberichte für den Prätor schrieb weiterhin ausschließlich der Ratschirurg. Hier handelt es sich um die Wundgutachten, die der Verletzte im Privatklageverfahren benötigte. Diese Vorschrift der Gerichtsordnung von 1711 ist, für sich genommen, nicht recht verständlich. Offenbar war es bis dahin den Physikern nicht gestattet, derartige Gutachten über Wunden für die Verletzten selber auszustellen.

172 Enthalten im Eidenbuch 4 S. 236.

173 Dies ergibt sich u. a. aus der Akte „Fiskalische Klagen". Dort werden als Anlage zu den Klagschriften die Berichte und Atteste des Ratschirurgen wiederholt erwähnt, z. B. a.a.O. S. 3, 128, 189, 252, 258.

174 Enthalten in „Präturrechnungen" seit 1723. Hinrich Jacob Leetz war seit 1723 Ratschirurg; vgl. Gernet S. 366. Sein Vorgänger im Amt, Bartels, hat aus seiner Amtszeit seit 1704 keine derartigen Rechnungen hinterlassen.

175 Die genannten Rechnungen umfassen alle Forderungen, die dem Ratschirurgen aus seiner Amtstätigkeit erwachsen sind, z. B. auch Gebührenforderungen für Kuren Gefangener und Unbemittelter, für Sektionen und alle Besichtigungen, die ihm vom Prätor aufgetragen wurden. Leetz hat in seinen Rechnungen im allgemeinen alle Forderungen ohne Scheidung nach Sachgebieten fortlaufend aufgeführt und dabei die einzelnen Posten nur so kurz bezeichnet, daß die Entscheidung oft unmöglich ist, ob es sich um Forderungen für gerichtliche Wundberichte handelt. In den meisten Fällen ist der Name des Patienten angeführt; sehr häufig findet sich der Zusatz „besichtigt" oder „curirt". Vielfach läßt sich aus der Höhe der geforderten Gebühr schließen, ob es sich um einen Wundbericht gehandelt hat. Mitunter ist die Erteilung eines Berichts besonders bemerkt; z. B. schreibt Leetz im August 1726 in einer Rechnung an den Prätor Widow: „Das Mensch, so aus dem Fenster gesprungen besichtigt und 2 mahl besucht, auch dem Herrn Gerichtsverwalter einen Bericht abgestattet." Gelegentlich hat er auch zweimal an den Prätor berichtet; z. B. schreibt er in der Rechnung vom 22. Februar 1727: „Albert Hashan besichtigt u. 2 mahl davon berichtet", und „von Albrecht Remmers 2 mahl Bericht gegeben" (Zitate aus den „Präturrechnungen").

mung zeitweilig von den Barbieren nicht regelmäßig beachtet worden; denn der Rat gab ihnen in zwei Verordnungen von 1744 und 1745 auf[176], sie sollten ihre Pflicht beachten und dem Ratschirurgen die vorkommenden Verwundungen anzeigen. Gleichzeitig mahnte der Rat den Ratschirurgen, die Wundberichte für den Prätor regelmäßig einzureichen[177].

Auch am Ende des Jahrhunderts waren die Wundberichte des Ratschirurgen noch von großer Bedeutung für die Praxis. Das zeigt eine Bemerkung des Senators Günther aus dem Jahre 1798. In seinem Entwurf der „Grundsätze über die interimistische Verwaltung der gerichtlichen Medicinalfürsorge" sagte er unter II, 1 e[178], die besondere Gebühr für die Wundberichte des Ratschirurgen müsse beibehalten werden, „damit nicht die dem Prätor so nöthigen Berichte künftig ausbleiben". Ebenso bestätigen diese Vermutung auch die Rechnungen des Ratschirurgen Friedrichs aus dem Jahre 1797, in denen gleichfalls sehr häufig Gebührenforderungen für Wundberichte enthalten sind[179]. Übrigens wurde der Ratschirurg auch jetzt noch gelegentlich in besonderen Fällen zur Erteilung eines Gutachtens herangezogen[180]. Auch die Ratshebamme gab vereinzelt solche Gutachten ab[181].

c) In den Rechnungen des Prätors Brockes von 1728/29 finden sich zwei Eintragungen, denen zufolge die „Garwinsche", d. h. die vom Rat bestellte Stadtleichenfrau[182], im Auftrage des Prätors Besichtigungen Verwundeter vorgenommen hat. Unter dem 7. Septem-

---

[176] Abgedr. in der Mandatensammlung Bd. III S. 1468 f.; vgl. Klefeker Bd. V S. 131.

[177] Der Rat hatte zunächst angeordnet, daß die Barbiere jede Verwundung dem Prätor unmittelbar anzeigen sollten. Darüber beschwerten sich die Barbiere, und es blieb dann bei der alten Übung, daß sie nur dem Ratschirurgen eine Mitteilung zu machen brauchten und der Ratschirurg den Bericht schrieb; vgl. Schuback S. 223. — Diese beiden Verordnungen des Rats zeigen, daß die Praxis im Laufe der Zeit geschwankt haben muß. Innerhalb der großen Entwicklungslinien lassen sich diese Unregelmäßigkeiten nur selten nachweisen.

[178] In „Akten zur Medizinal-Ordnung 1".

[179] „Copia der Rechnungen des Ratswundarztes Friedrichs de Anno 1797" in „Akten zur Medizinal-Ordnung 1". Die Rechnungen enthalten vielfach die Bemerkung „Besichtigung und Bericht" bei den einzelnen Forderungen; im übrigen ähneln sie den Rechnungen des Ratschirurgen Leetz.

[180] Z. B. gemeinsames Gutachten der Ratshebamme Borchers und des Ratschirurgen Leetz vom 10. November 1733 in „Sammelmappe gerichtsärztlicher Gutachten".

[181] In den „Präturrechnungen" finden sich verschiedentlich in dieser Zeit Vermerke, denen zufolge die Ratshebamme vom Prätor für Besichtigungen ihre Bezahlung erhielt; z. B. Prätor Braun, Rechnung vom 20. Dezember 1713: „An die Raths Bade Mutter gegeben, als sie das Mensch besichtiget, welche ihr Kind durchs Secret fallen lassen . . ."; Prätor Widow, Eintragungen vom 15. November und 12. Dezember 1724: Ausgaben für Besichtigungen durch die Ratshebamme; Prätor Ruhland: Eintragung vom 16. Juli 1727 und Rechnung über eine Besichtigung durch die Ratshebamme Borchers; Prätor Stampeel: Eintragungen vom 22. April und 5. Mai 1730: Besichtigungen durch die Ratshebamme.

[182] Siehe über die „Garwinsche" Gernet S. 262 f.

ber 1728 ist vermerkt[183]: „An die Garwinsche vor die Besichtigung des Menschen, der gestochen ...", und am 14. Februar 1729 heißt es: „An die Garwinsch wegen der Besichtigung des Kindes so mit der Scheer geworffen ..." Es kann nicht angenommen werden, daß diese Besichtigungen für den Prätor mehr bedeuteten als eine Information. Der etwa erteilte Bericht hat für den Prozeß irgendwelche Bedeutung nicht gewinnen können; denn die Garwinsche war medizinisch gänzlich ungebildet und hatte lediglich für die Unterbringung und Fortschaffung der Leichen zu sorgen.

d) In dieser Zeit sind zuerst Gutachten auswärtiger Universitäten in einzelnen Strafverfahren nachweisbar. Die Gerichte selber haben offenbar von sich aus solche medizinischen Gutachten äußerst selten eingeholt. Aber unbekannt war dieses Verfahren in Hamburg nicht. Der Physiker Rambach sagt in einem Brief an den Senator Bartels vom Jahre 1804[184]: „Es wäre zu wünschen, daß dies Verfahren, die visa reperta[185], soweit sie zweifelhaft sind, an eine medizinische Fakultät zu schicken, hier häufiger angewandt würde, statt daß jetzt die Gerichte über das Urteil der Kunstverständigen selbst urtheilen ...[186]."

Häufiger scheinen Gutachten auswärtiger Fakultäten von den Angeklagten selber zu ihrer Entlastung beigebracht worden zu sein. So berichtet Klefeker von einem Strafprozeß aus dem Jahre 1747[187], in welchem die Mutter des Angeklagten durch das Gutachten einer auswärtigen Universität nachzuweisen suchte, daß ihr Sohn im Augenblick der Tat nicht zurechnungsfähig gewesen sei. Dieses Gutachten wurde aber durch die hamburgischen Physiker widerlegt. Man erkennt insbesondere an dem von Klefeker im Anschluß mitgeteilten Gutachten des Berichterstatters im Obergericht, wie gering von den Juristen der Wert solcher Universitätsgutachten in medizinischen Fragen eingeschätzt wurde[188].

---

[183] Dieses und das folgende Zitat aus „Präturrechnungen", Prätor Brockes.

[184] Es handelt sich um ein Begleitschreiben zu einem nicht vorhandenen Entwurf einer Instruktion für die Physiker in „Akten zur Medizinal-Ordnung 1".

[185] Technische Bezeichnung für die Gutachten der Physiker.

[186] Es ist zu vermuten, daß die Gerichte nicht erst im 18. Jahrhundert, sondern auch schon in früherer Zeit, gelegentlich ein Gutachten auswärtiger Universitäten herangezogen haben. Vielleicht ist auch im 17. Jahrhundert das collegium medicum als Gutachter in Hamburg tätig geworden. Noch im Jahre 1830—31 wurde eine gesetzliche Regelung über die Einholung medizinischer Gutachten von auswärtigen Universitäten getroffen, nämlich Bekanntmachung vom 28. Juli 1830 und vom 17. Juni 1831, VO.-Sammlung Bd. 11 (1829—31) S. 205 ff. und 380 ff.

[187] Strafprozeß gegen Lucas Wiegers wegen Mordes, mitgeteilt von Klefeker Bd. V S. 449 ff. Der Mitteilung des Prozesses folgt bei Klefeker ein umfangreiches, im Obergericht abgestattetes juristisches Gutachten. In diesem wird besonders der Wert auswärtiger medizinischer Gutachten angegriffen.

[188] Vgl. auch den von Klefeker Bd. V S. 472 mitgeteilten Prozeß gegen Falck, in dem ein medizinisches Gutachten der Universität Leipzig vom Angeklagten zu seiner Entlastung beigebracht worden war. Die hamburgischen Physiker widerlegten „das fremde Urteil gründlichst".

2.

a) Die Aufgabe der gerichtlichen Gutachter ist es jetzt, auf jede denkbare Weise die Inquisition der Gerichte zu unterstützen[189]. Das trifft sowohl für die Wundberichte als die eigentlichen Gutachten zu. Nach den in der Praxis entwickelten Regeln[190] sollen Gutachten insbesondere bei allen verdächtigen Todesfällen eingezogen werden[191], ferner bei Sittlichkeitsverbrechen[192], bei verheimlichter Schwangerschaft und Aussetzung[193], sowie bei Zweifeln über den Geisteszustand von Verbrechern[194]. Bei allen schweren Verwundungen war ebenfalls neben dem Wundbericht des Ratschirurgen noch ein besonderes Gutachten einzuholen[195]. Die Erteilung der Gutachten war vor allem die Aufgabe der Physiker; bei Kindstötung nach heimlicher Geburt zog man die Ratshebamme mit hinzu[196].

b) Bei den Tötungsdelikten war es eine wichtige Aufgabe der Ärzte, zu untersuchen, ob die Verwundung absolut oder nur infolge Hinzutreten besonderer Umstände tödlich gewesen war. Die Gerichte verhängten nämlich nur dann die Todesstrafe, wenn feststand, daß die Verwundung absolut tödlich gewesen war[197]. Das stand in Widerspruch zu dem hamburgischen Gesetz, das den Nachweis der absoluten Tödlichkeit nur im Falle des Part IV Art. 42 verlangte, also wenn der Verletzte, ohne bettlägerig zu werden, nach einiger Zeit starb. Der Kommentar Schrötteringk[198] gibt die herrschende Ansicht wieder, wenn er zu Part IV Art. 40 äußert[199], diese Bestimmung würde „so genau nicht observiert", der Täter also nicht ohne weiteres mit dem Tode bestraft, wenn der Verletzte im Wundbett gestorben ist: „sondern es kommt meistens auf der Herrn

[189] Siehe Quistorp Bd. III § 604 S. 222 Anm. **, der davon spricht, daß der Sachverständige nicht Zeuge, sondern Gehilfe des Richters sei.

[190] Im folgenden nach Klefeker und Schuback, deren Angaben aus der Praxis etwa von der Mitte des 18. Jahrhunderts stammen (vgl. Klefeker, Einl. S. 14). Die Bemerkungen können aber für das ganze Jahrhundert Geltung beanspruchen.

[191] Vgl. Klefeker Bd. V S. 279, 488, 491; Schuback S. 198 ff.

[192] Vgl. Klefeker Bd. V S. 280; Schuback S. 192.

[193] Vgl. Klefeker Bd. III S. 486 f., Bd. XII S. 12 f.; Schuback S. 189 ff.

[194] Vgl. Klefeker Bd. V S. 446 ff.

[195] Vgl. Klefeker Bd. XII S. 12 f.; Schuback S. 220 ff.

[196] Vgl. Klefeker Bd. V S. 296; Schuback S. 190, 224.

[197] Vgl. Carpzow Pars. I quaest. XXVI no 1; Kreß Anm. zu Art. 147 CCC. Dementsprechend findet sich in den Gutachten gelegentlich die Bemerkung, daß eine Verwundung „absolut lethal" gewesen sei, z. B. Attest vom 3. März 1706 in „Sammelmappe gerichtsärztlicher Gutachten" und „Relatio ex Actis in c. Fiscalis in Crim. ex off. inquir. c. Ilsabe Catharina Hälssen alias Kühl" in der Akte „Kriminalrelationen".

[198] Mit dem Namen Schrötteringk wird von Lappenberg ein mit handschriftlichen Anmerkungen versehenes Exemplar des Stadtrechts von 1605 bezeichnet, das als Aufschrift den Namen G. Schrötteringk Lt. 1686 trägt. — Die Anmerkungen in diesem Buch stammen vielfach aus dem 18. Jahrhundert; vgl. Lappenberg in „Stadtrecht 1605", Einl. S. 37 Ziffer 35 Nr. 3.

[199] Zitat nach Lappenberg im Stadtrecht 1605 Anmerkung zu Art. 40.

Physicorum Bericht an, ob der Tod immediate aus der Wunde erfolget, oder durch andere symptomata causiret worden". Und Vegesack[200] bringt zu der gleichen Gesetzesbestimmung eine dem Sinne nach gleiche Bemerkung[201]: Die Anwendung des Art. 40 setze voraus, daß der Tod „ex vulnere" erfolgt, daß „vulnus mortis causa" gewesen sei; anders, wenn der Tod „ex accidenti" eingetreten sei: „tunc enim tenetur homicida non de occiso sed saltem de vulnerato". Und abschließend bemerkt der Kommentar: „ex inspectione autem vulneris judicandum, an per se, an ex accidenti lethale sit".

Bezeichnend für diesen Streit um die von den Physikern festzustellende Letalität ist der Strafprozeß gegen Gottfried Ottenklinger aus den zwanziger Jahren des 18. Jahrhunderts. Vegesack bringt diesen Fall in der Anmerkung zu Part IV Art. 40[202]:

> „Interim in causa Fiscalis c. Gottfr. Ottenklinger a. 172., ubi vulneratus ex vulnere vigore Physic. Attestato saltem per accidens lethali declarato 4 post septimanos obiit, Fiscalis allegavit, hunc art. absque discrimine inter vulnus per se et per accidens lethale loqui, unicamque saltem exceptionem scil. necessariae defensionis admitti voluit: hancque sententiam magis probari contendit per sqq. art. 41 et 42, tum etiam praeterea distinguendum esse monuit inter vulnus ita per accidens lethale, ut vulneratus semet ipsum neglexerit, et inter vulnus ita abusive per accidens lethale dictum, quod non quidem subitaneae morti sed tamen lentiori occasionem praebuit. Defensor dolum inquisiti negavit, necessariam defensionem ad fuisse contendit. Denique ὡς ἐν παρόδῳ monet, memoratam Fisc. interpretationem hujus art. omnibus iuribus et C. crim. adversari, et ex alleg. art. 42 P 4 Stat. contrarium apparere —

Gegen diese Praxis ist in theoretischen Schriften Widerspruch erhoben worden. Schon im Jahre 1734 hatte Andreas Klefeker[203] in seiner Dissertation „de lethalitate vulneris non scrupulose requirenda ad poenam capitalem homicidiae dolosi" ausgesprochen, daß nach hamburgischem Recht der Nachweis der absoluten Tödlichkeit der Verwundung für den Ausspruch der Todesstrafe nicht erforderlich sei[204]. Die gleiche Ansicht vertritt Johann Klefeker[205], indem er

---

[200] Mit dem Namen Vegesack bezeichnet Lappenberg ein mit handschriftlichen Anmerkungen versehenes Exemplar des Stadtrechts von 1605, das den Namen des Ratsherrn und Prätors Cordt Vegesack (gest. 1697) trägt. Es enthält zahlreiche später zugefügte Bemerkungen und Präjudizen; vgl. Lappenberg im Stadtrecht 1605, Einl. S. 37 Ziffer 35 Nr. 4.

[201] Zit. nach Lappenberg im Stadtrecht 1605 Anm. zu Art. 40.

[202] Zit. nach Lappenberg, ebenda.

[203] Andreas Klefeker ist nicht zu verwechseln mit Johann Klefeker, der das Werk über die hamburgischen Gesetze und Verfassungen schrieb.

[204] Klefeker Bd. V S. 474.

[205] Klefeker Bd. V S. 471 f., ferner Bd. V S. 470 und S. 573, wo Klefeker sich auf die Äußerungen des lübeckischen Syndikus Dreyer bezieht, gleichzeitig aber bemerkt, daß in Hamburg das Gutachten der Ärzte in jedem Fall regelmäßig eingeholt wird.

darauf hinweist, daß der einzige Fall, in dem das hamburgische Recht den Nachweis der absoluten Tödlichkeit verlangt, die Bestimmung des Part. IV Art. 42 sei. Klefeker rühmt es geradezu als einen Vorzug des hamburgischen Rechts, daß es den umständlichen Nachweis der absoluten Tödlichkeit nicht verlange und dadurch die Verbrechensbekämpfung erleichtere. Tatsächlich findet die Praxis für ihre Ansicht in dem hamburgischen Recht auch keine Stütze. Aber die Gerichte folgten insoweit dem gemeinen Recht. Im übrigen zeigt Klefeker selbst in seiner Polemik, daß die Praxis andere Wege ging. Er schildert nämlich den Prozeßverlauf einer Strafsache aus dem Jahre 1718, in welchem der Verteidiger zur Abwendung der Todesstrafe ein Gutachten der medizinischen Fakultät der Universität Leipzig beibrachte[206]. Dieses Gutachten kam zu dem Schluß, daß die Verletzungen, die der Angeklagte dem Verstorbenen beigebracht hatte, nicht absolut tödlich gewesen seien. Die Wunde wurde aber, wie Klefeker berichtet, vom Gericht trotzdem als letal angesehen, nachdem die Physiker das fremde Gutachten „gründlichst" widerlegt hatten. Diese Widerlegung der Leipziger Ansicht brauchte nur dann im Prozeß so wichtig genommen werden, wie es hier geschah, wenn von der Feststellung der absoluten Tödlichkeit die Zuerkennung der Todesstrafe abhängig gemacht wurde. Die Angriffe Klefekers werden auf die Praxis kaum Einfluß gehabt haben, um so weniger, als die allgemeine Entwicklung der entgegengesetzten Richtung folgte.

Um die absolute Tödlichkeit der Wunden feststellen zu können, war es nötig, die Leichen zu obduzieren. Sicherlich sind Sektionen vielfach in Hamburg auch schon im 17. Jahrhundert vorgenommen worden. Aber zahlreich sind die Belege erst aus dem 18. Jahrhundert[207]. Die Obduktionen führte der Ratschirurg unter Leitung der Physiker aus[208]. Das Gutachten schrieben die Physiker allein. Irgendwelche Gerichtspersonen waren bei der Leichenöffnung nicht zugegen[209].

---

[206] Klefeker Bd. V S. 472 ff. Es handelt sich um den Strafprozeß gegen Jobst Ernst Falck, Urteil in dieser Sache vom 4. und 29. April 1718; vgl. auch den oben S. 47 f. mitgeteilten Fall aus dem Jahre 1720; dort haben die Physiker eine Wunde als „per accidens lethale" beurteilt. Die Feststellung, daß eine Wunde absolut tödlich gewesen sei, findet sich in späteren Gutachten wiederholt auch dann, wenn der Tod sofort und nicht erst nach einer gewissen Zeit eingetreten ist, z. B. „in peinl. Sachen des Rechtens Fiscalis in criminalibus ex officio inquirentis . . . wider Frantz Christian Schulz" in Kriminalrelationen 2.

[207] In den Präturrechnungen sind Belege über die Sektionen enthalten, die der Ratschirurg Leetz im Auftrage der Prätoren ausgeführt hat; z. B. „Präturrechnungen", Prätor Widow (1725) 7 Sektionen, deselbe (1726) 3 Sektionen, Prätor Luis (1727) 1 Sektion, Prätor Ruhland (1727) 3 Sektionen, Prätor Paul (1727—29) 3 Sektionen, Prätor Brockes (1730) 2 Sektionen.

[208] Vgl. Senator Günthers „Allgemeine Grundsätze über die interimistische Verwaltung . . ." unter II g in „Akte zur Medizinal-Ordnung 1".

[209] Im Gegensatz zu der Praxis außerhalb Hamburgs; vgl. Klenze S. 113; ferner Schreiben des Physikers Rambach vom 29. Juni 1804 an den Senator Bartels in „Akten zur Medizinal-Ordnung 1". Prätor Schuback sagt 1748 in seinem Werk über den Prätor (S. 191), in Hamburg sei bei der Legalsektion die Zuziehung eines Gerichtsaktuars überflüssig, da Hamburg mit „geschickten und vorsichtigen Physicis versehen" sei.

c) Zweifelhaft ist es, ob der Ratschirurg und die Physiker bei der Tortur anwesend waren. Klefeker meint, das Gericht habe bei der Tortur „gemeiniglich“ einen Physiker oder Chirurgen „zur Hand“ gehabt[210]. Aus einer Bemerkung des Prätors Schuback ist aber andererseits zu entnehmen, daß in der Mitte des Jahrhunderts die Zuziehung von Ärzten in Hamburg nicht üblich war[211]. Schuback berichtet nämlich, er sei bei einer Tortur zugegen gewesen, wo den Gefolterten ein „Labsahl“ verweigert worden sei. Später habe er einen Chirurgen über die Zweckmäßigkeit dieses Verhaltens befragt usw. Offenbar hat eine feste Praxis nicht bestanden[212], wenn auch Trummer in einer Anmerkung mitteilt[213]: „Herr Oberalter Röding weiß aus dem Munde des verstorbenen Scharfrichters, daß wenigstens nach dessen Angabe zu dessen Zeit bei der Tortur allemal die Physici adhibirt worden sind“. Schuback meint sogar, es solle zweckmäßigerweise auch die Hebamme bei der Folterung von Frauen anwesend sein[214].

3.

a) Aus dem 18. Jahrhundert sind eine größere Anzahl gerichtsärztlicher Gutachten im Original erhalten[215]. Aus ihnen geht hervor, daß seit dem vorigen Jahrhundert ein grundlegender Wandel in der Art der Gutachtenerteilung vor sich gegangen ist. Die Gutachten zeigen jetzt das Bestreben, die Gefährlichkeit der Verletzungen medizinisch zu erklären und darzutun, aus welchen medizinischen Ursachen der Verletzte sterben mußte. Die alten Bezeichnungen über die Art und Schwere der Wunden sind in Vergessenheit geraten; nur

---

[210] Klefeker Bd. V S. 321.

[211] Schuback S. 294.

[212] Darauf deutet auch die Tatsache, daß Krieger in seiner Introductio in praxin fori Hamburgensi (abgedr. im Thesaurus Bd. I S. 471 ff.) bei der Behandlung der Tortur Sectio X § 3 den Arzt nicht erwähnt. Andererseits berichtet Jacobj S. 144 einen Fall aus dem Jahre 1788, bei dem beide Physiker der Tortur beiwohnten. Noch um 1795 machte Syndikus Sienen in seinen Bemerkungen zur Reform des Medizinalwesens Vorschläge über die Zuziehung der Physiker bei der Tortur (enthalten in „Akten zur Medizinal-Ordnung 1“); vgl. hierzu auch Gernet S. 48.

[213] Trummer Bd. I S. 33 Anm. 4.

[214] Schuback S. 293. Wenn bei der Tortur nicht immer Ärzte zugegen waren, so erklärt sich das vermutlich daraus, daß der Frohn vielfach erhebliche chirurgische Kenntnisse besaß; vgl. Beneke S. 204, 206.

[215] In „Sammelmappe gerichtsärztlicher Gutachten“. Die Mappe enthält 55 Atteste der Physiker, des Ratschirurgen, der Ratshebamme und einige kurze Wundberichte anderer Chirurgen. Die Atteste stammen aus der Zeit von 1696 bis 1776. Sie stellen nur einen kleinen Bruchteil der tatsächlich abgegebenen Gutachten dar. Für zahlreiche Jahre ist nur je ein Attest, für manche gar keins und im Höchstfalle sind drei Atteste aus dem gleichen Jahr vorhanden. Demgegenüber ergibt sich allein aus den Rechnungen der Ratschirurgen Leetz von 1723—1730 (siehe oben S. 48 Anm. 207) und Meincke von 1747—48 (in „Akten zum Physikergehalt“), daß von den Ratschirurgen in den betreffenden Zeitabschnitten allein 19 bzw. 12 Sektionen vorgenommen worden sind, über die unzweifelhaft in jedem Fall Atteste erteilt worden sind, während die Mappe lediglich zu einer dieser Sektionen von Meincke das entsprechende Gutachten enthält.

gelegentlich finden sich noch Spuren davon[216]. Andererseits ist auffällig, daß nur selten in den Gutachten Angaben über solche bei den ärztlichen Untersuchungen zutage getretenen Umstände gemacht werden, aus denen sich Anhaltspunkte über den Hergang des Verbrechens hätten gewinnen lassen können. Verhältnismäßig häufig geben solche Hinweise die Gutachten über tot aufgefundene neugeborene Kinder. Im übrigen enthält die „Sammelmappe gerichtsärztlicher Gutachten" nur sehr wenig Atteste, in denen sich diese Angaben finden[217]. Das mag vielleicht Zufall sein; möglicherweise sind gerade sie verlorengegangen. In den „Kriminalrelationen" vom Ende des 18. bis Anfang des 19. Jahrhunderts werden mehrfach solche Angaben der Physiker bzw. des Ratschirurgen erwähnt, die Rückschlüsse auf den Hergang des Verbrechens ermöglichten. Beispielsweise sagten die Physiker in einem Gutachten vom Jahre 1784, die Stich- und Hiebverletzungen des untersuchten Toten hätten alle in gleicher Richtung gelegen[218]. Bezeichnend dafür, wie sich hier der Wundbericht des Ratschirurgen und das Gutachten der Physiker ergänzen konnte, ist eine Relation aus dem Jahre 1801[219]. Es handelte sich um eine Anklage wegen Mordes. Der Angeklagte sollte eine Frau in ihrem Bett mit einem Beil erschlagen haben. Man hatte an der Kleidung des leugnenden Angeklagten Blutflecken gefunden. Der Angeklagte behauptete, diese Flecken rührten von seinen eigenen Kratzwunden her. In dem Votum des Berichterstatters wird gerügt, daß die Physiker zwar bei dem Angeklagten das Vorhandensein solcher Kratzwunden festgestellt hätten, daß sie aber die Flecke auf der Kleidung des Angeklagten weder beschrieben noch überhaupt untersucht hätten. Dagegen habe der Ratschirurg am Ende seines Berichts erklärt, die Blutflecken „scheinen rund gesprützt u. nicht gewischt zu seyn"[220].

b) Die wenigen in der Sammelmappe enthaltenen Berichte und Gutachten des Ratschirurgen sind äußerst kurz und umfassen meist

---

[216] In einem Bericht vom Jahre 1726 im Strafverfahren gegen Johan Diesenberg sagt der Ratschirurg z. B., die Schnittwunde im Gesicht des von Diesenberg mißhandelten Juden sei „eines kleinen Fingers lang" gewesen. Der Fall ist von Vegesack mitegeteilt, zitiert nach Lappenberg im Stadtrecht 1605, Anm. zu Part IV Art. 54.

[217] Z. B. Gutachten des Subphysikus Biester vom 2. Oktober 1693. Es handelt sich hierbei um die Untersuchung und Sektion eines tot aufgefundenen unbekannten Mannes. Biester beschreibt am Eingang des Gutachtens, in welcher Verfassung er den Toten vorfand, wie und wo er lag, die äußeren Blutspuren usw. Ferner Gutachten der Physiker Biester und Schultz vom 24. Januar 1718 über einen tot aufgefundenen Hamburger Bürger. Das Gutachten beginnt mit der Schilderung der Lage, in der man den Leichnam entdeckte und die auf einen Unfall hindeutete.

[218] Relatio ex Actis in causa Criminali Fiscalis contra J. C. Schultz pto. homicidio d. 15. X. 1784 in „Kriminalrelationen 1"; desgl. in der Akte „Fiskalische Klagen", dort z. B. S. 185 peinl. Klage ctra Leonora Möller.

[219] „Votum in c. Crim. Fiscalis c. Johann Caspar Fridrich Weding pto. homicid", in der Akte „Kriminalrelationen 1".

[220] Die Physiker haben sich in ihrem Gutachten a.a.O. dagegen dazu geäußert, ob das Stöhnen der Ermordeten im oberen Stockwerk des Hauses habe gehört werden können.

nur wenige Sätze[221]. Als verhältnismäßig sehr ausführlich kann das Gutachten gelten, das der Ratschirurg Leetz am 10. November 1733 gemeinsam mit der Ratshebamme Borchers verfaßt hat[222]. Es enthält das Ergebnis von der Untersuchung einer Frau, die wegen des Verdachtes heimlicher Geburt und Kindestötung in Haft genommen war. In dem Gutachten wird festgestellt, daß die Frau „aus beyden Brüsten /: da sie von der Wehmutter gedrucket :/ etwas milchähnliche Feuchtigkeit herausfloß, an dem Unterleibe etwas Schrumpflich, bey visitirung ihrer Gebuhrts Theile so wahren so wol die muter Scheide, als die mutter selbst ziemlich erweitert, aus welcher im anrühren etwas Blut und Feuchtigkeit flos". Abschließend wird festgestellt, daß die Frau „kürzlich entbunden sei".

c) Die Gutachten der Physiker waren, wenn auch durchaus nicht immer, etwas umfangreicher. Selten ist eins von ihnen länger als eine gute halbe Seite. Als Beispiel eines ausführlichen Gutachtens kann das älteste der in der Sammelmappe enthaltenen Atteste vom 2. Oktober 1693 gelten[223]. Es handelt von der äußerlichen Untersuchung und der Sektion eines tot aufgefundenen Mannes. Das Attest berichtet zunächst über den äußeren Befund. Es werden verschiedene Verletzungen aufgezählt, darunter ein Schnitt am Hals. Sodann heißt es weiter in der für diese Sektionsberichte typischen Art: „... bey eröffnung der abdominis fand man kein geblüte in der cavität, vnd war mit dem einen stich die leber 2 mahl doch nicht gefehrlich verwundet. der andere stich ging nur durch die integumenta vnd hatte von den innerlichen Theilen nichts berührt. daß also die beiden wunden von keiner gefährlichkeit. die wunde am halse ist absolute todtlich gewesen, weil durch die durchstechung der Arterien das geblüte als des leibes einige erhaltung weggeflossen. hadt also nichts anderes als ein schleuniger Todt darauf erfolgen müssen."

Dieses Gutachten zeigt, wie auch andere Beispiele lehren[224], daß die Physiker jeweils nur den Teil des Körpers sezierten, aus dessen

---

[221] Daß der Ratschirurg übrigens seinen Wundbericht gelegentlich sorgfältiger abfaßte als die Physiker ihr Gutachten, zeigt die Relation in Sachen Weding — vgl. Anm. 219.

[222] In der „Sammelmappe gerichtsärztlicher Gutachten".

[223] Wie Anm. 222.

[224] Z. B. in der „Sammelmappe gerichtsärztlicher Gutachten", Attest vom 24. Januar 1718: Ein Mann war in der Nacht auf der Straße in eine offene Kellertreppe gefallen und am nächsten Tag tot aufgefunden worden. In ihrem Gutachten sagen die Physiker: „weil nun der Kopf gar sehr wackelte und von einer Seiten zur anderen fiel . . .", trennte man den Kopf am Halse ab und entdeckte, daß die Wirbelbeine sich gegeneinander verschoben hatten. Weitere Untersuchungen über die Todesursache wurden nicht mehr angestellt. Ähnlich das Attest vom 12. Mai 1721, ebendort: Ein alter Mann hatte den Winter über gekränkelt und war gestorben. In der letzten Zeit seiner Krankheit war ihm das Gesicht stark geschwollen. Man war sich über die Todesursache im unklaren. Die Physiker, die den Toten untersuchten, sagen in ihrem Bericht: „man fand vorrathen, den magen zu öffnen", entdeckte aber nichts Auffälliges: „ist er also von der langwierigen Krankheit und vielen dabei vorgefallenen Verdruß" gestorben, so bemerkt das Gutachten bündig.

äußerer Beschaffenheit sie auf innere Verletzungen schlossen. Erst am Ende des 18. Jahrhunderts machte von Sienen den Vorschlag, die Öffnung aller drei Leibeshöhlen bei jeder Sektion vorzuschreiben[225].

Bei Besichtigung aufgefundener Toter zur Feststellung der Todesursache und zur Aufklärung, ob ein Verbrechen vorlag, verfuhren die Physiker mitunter ganz außerordentlich oberflächlich. Bezeichnend dafür ist das Attest vom 27. April 1724 über ein im Wasser tot aufgefundenes Mädchen von 17 bis 18 Jahren[226]. Die Ärzte bekunden, ihnen sei bei der äußerlichen Untersuchung keine Spur einer Gewalttätigkeit aufgefallen, sie hätten „aber wohl bey bewegung des Körpers das Wasser im Leibe rauschen gehört". Damit schließt das Gutachten, ohne daß ein Schluß aus den Ergebnissen weiter gezogen wird.

Einen auffällig niedrigen Stand der Wissenschaft zeigen die Gutachten über den Geisteszustand einzelner Personen. In dem Attest, das die Physiker auf Verlangen des Rats am 26. April 1710 über die „Blödigkeit des Verstandes der Jungfrau Engel Sophia Lehmans" erteilten[227], tritt dieser Mangel in bezeichnender Weise zutage. Die Physiker berichten zunächst, daß sie von dritter Seite in Erfahrung gebracht hätten, die Lehman habe vor vielen Jahren bei einer Pockenerkrankung das Gehör verloren, sei vor 18 Jahren durch einen Schreck rasend und darauf „ganz albern" geworden und geblieben. Das Gutachten fährt dann wörtlich fort: „Wie wir nun mit ihr selber reden wollten, gab sie gahr keine antwort. Man konnte aber aus ihrem wesen vndt anderen umbstanden Ihre einfalt zur genüge abnehmen, vndt daraus schließen, daß sie nicht geschickt sey, etwas mit verstandt nachzudenken oder zu verrichten."

Die Untersuchungsmethoden bei Geisteskrankheiten scheinen sich auch in den folgenden Jahren nicht erheblich gebessert zu haben[228]. Klefeker berichtet beispielsweise aus dem Prozeß gegen die Kindesmörderin Engel Sellenschloen vom Jahre 1755[229]: „Man ließ sie zur Ader und die Herren Physici funden in dem Blute die

---

[225] Syndikus von Sienen in der „Akte zur Medizinal-Ordnung 1" Nr. 10 unter b Ziffer 5.

[226] In der „Sammelmappe gerichtsärztlicher Gutachten".

[227] Wie Anm. 224. Die Gutachten über Geisteskranke müssen im 18. Jahrhundert häufiger vorgekommen sein. Klefeker berichtet Bd. V S. 447, es seien in neuerer Zeit „verschiedene betrübte casus" dieser Art vorgefallen. Die Strafe aber sei „nach dem Grade der Unsinnigkeit sowohl bei Melancholischen, als sonst in ihrer Vernunft Gebrechlichen, und nach der Gemütsbeschaffenheit" im Augenblick der Tat zugemessen worden.

[228] Klefeker teilt Bd. V S. 449 ff. einen Prozeß aus dem Jahre 1747 mit, in dem ein Gutachten von einer auswärtigen Universität über den Geisteszustand des Angeklagten beigebracht wurde. Dieses Gutachten stützte sich lediglich auf Zeugenaussagen. Die Gutachter hatten den Angeklagten selber gar nicht zu Gesicht bekommen. Der Referent im Obergericht rügte diese Tatsache mit den Worten: „auch medici müssen mehr als einmal, und öfters, einen solchen Menschen sehen und de proprio judicio deponieren". Daß ein solcher Hinweis überhaupt nötig war, wirft ein bezeichnendes Licht auf die damaligen Untersuchungsmethoden.

[229] Klefeker Bd. V S. 462.

Merkmale eines zur äußersten Melancholie gekommenen Menschen." Auf diese Feststellung hin erfolgte der Freispruch der wegen Kindesmords angeklagten Sellenschloen. Die Angeklagte wurde übrigens dann bis zu ihrer Genesung auf ihre Kosten im Pesthof in Verwahrung gebracht.

Wenn diese Gutachten insgesamt betrachtet gegenüber dem früheren Zustand immerhin einen Fortschritt zum Besseren zeigen, so ist doch ihr wissenschaftlicher Wert noch sehr gering. Gernet sagt denn auch von ihnen[230], sie seien „sehr kurz, aber nicht immer sehr bündig, im Gegenteil ziemlich oberflächlich und nach unseren Begriffen äußerst lückenhaft". Und an anderer Stelle urteilt Gernet über die Sektionsberichte[231]; sie hätten sich „ebenso sehr durch Kürze als durch Lückenhaftigkeit ausgezeichnet".

4.

Eine ausdrückliche Bestimmung über die Einholung ärztlicher Gutachten enthielt das Gesetz nur in Part IV Art. 42. Und auch in diesem Fall scheint eine rechtliche Verpflichtung, Ärzte hinzuzuziehen, nicht immer anerkannt worden zu sein; denn Clan[232] erklärt in der Anmerkung zu Part IV Art. 42, es genüge auch ein Gutachten anderer erfahrener Leute. Clan beruft sich dabei auf Clarus mit dem Zitat: „Huius modi et alios peritos de sua credulitate et judicio deponere satis est, ne praecise de veritate testificari teneantur[233]." Dementsprechend stellt auch in einer Relation aus dem Jahre 1747 der Berichterstatter beim Obergericht fest[234]: „Der Einholung der Verständigen gebraucht es bei uns nicht, sondern nur der discussion der Sache ..."

Ob in bestimmten Gruppen von Strafsachen ärztliche Gutachten angefordert wurden oder nicht, hat wohl an der persönlichen Einstellung der jeweils im Amt befindlichen Prätoren und Richter gelegen. Bezeichnend hierfür ist der Streit, den die Physiker Garmers und Biester im Jahre 1696 mit dem derzeitigen Prätor um die Erteilung von Gutachten über tot aufgefundene neugeborene Kinder ausgetragen haben[235]. Der Kindsmord war damals in Hamburg ein außerordentlich häufig beobachtetes Verbrechen. Die Physiker gaben in diesen Fällen auf Grund einer Übereinkunft mit dem Prätor keine Gutachten ab, sondern erteilten nach der Besichtigung des Kindes lediglich den Bescheid, ob es „gewaltsamen Todes" gestorben sei oder

---

230 Gernet S. 284 f.

231 Gernet S. 306.

232 Joachim Clan, Anmerkungen zum Stadtrecht von 1605; Clan war 1622 Bürgermeister in Hamburg, er starb 1632; vgl. Lappenberg in Stadtrecht 1605, Einl. S. 27.

233 Zitat nach Lappenberg in Stadtrecht 1605, zu Part IV Art. 42.

234 Votum in Causa Criminali Wiegers fratricidae, abgestattet und approbirt in Senatu d. 8. Dec. 1747; mitgeteilt von Klefeker Bd. V S. 450 ff., die angeführte Stelle a.a.O. S. 457.

235 Siehe die Stellungnahme der Physiker vom Jahre 1696 in „Sammelmappe gerichtsärztlicher Gutachten"; den Streit schildert Gernet S. 219 f.

nicht. Man hatte nämlich festgestellt, daß in fast allen Fällen die Tötung der Kinder durch Abreißen der Nabelschnur herbeigeführt worden war und vermutete, daß dieser „modus infanticidii" durch die gerichtsärztlichen Gutachten in der Bevölkerung bekannt gemacht und erhalten wurde. Als nun im Jahre 1696 ein Kaufmann Prätor wurde, der für diese kriminalpolitischen Gesichtspunkte kein Verständnis hatte, mußte diese mehr als dreißigjährige Übung aufgegeben werden[236]. Die Physiker erklärten voll Erbitterung, sie würden Formulare für diese Gutachten drucken lassen; der Prätor könne dann jeweils „Eins oder Mehr bekommen, Dieselben spargieren und distribuiren, damit, was die gottseligen majores so sorgfältig befohlen zu verschweigen, überall möge bekannt werden".

Der Prätor betrieb auch jetzt noch grundsätzlich die Inquisition[237]. An ihn wurden die Berichte des Ratschirurgen auf Grund des Part I Tit. 3 Art. 4 des Stadtrechts von 1605 geschickt. Im Rahmen der einzuleitenden Inquisition beauftragte er die Physiker, den Ratschirurgen, die Ratshebamme oder gelegentlich auch andere mit der Erteilung gerichtsärztlicher Gutachten[238]. Insbesondere ordnete der Prätor die Vornahme der Sektion bei verdächtigen Todesfällen an[239]. Aber auch der Rat konnte von sich aus in jedem beliebigen Fall den Ärzten Aufträge zur Erteilung gerichtsärztlicher Gutachten geben[240].

Es läßt sich nicht erkennen, daß für die Auswahl der Gutachter feste Regeln bestanden hätten. Offenbar bediente man sich beider oder eines der Physiker, des Ratschirurgen und der Ratshebamme, je nachdem, wie es im Augenblick zweckmäßig erschien[241]. Bezeichnend ist hierfür der Fall eines Sittlichkeitsverbechens an einem Kinde aus dem Jahre 1727. Von diesem Verfahren sind zwei Aufzeichnungen in den Präturrechnungen erhalten. Die eine Eintragung befindet sich in den Rechnungsheften des Prätors Pauli. Unter dem

---

[236] Praktisch bestand tatsächlich für den Prätor gar kein Bedürfnis dafür, diese Gutachten zu erhalten; es genügte völlig die verabredete Mitteilung, daß das Kind eines „gewaltsamen Todes" verstorben sei. Denn einerseits war damals seit 36 Jahren keine einzige Kindesmörderin ergriffen worden und andererseits führten die Physiker ein Buch, in das sie auch diese Untersuchungen eintrugen. Die Physiker sagen in der obenerwähnten Schrift (siehe S. 53 Anm. 235), dieses Buch könne im Gericht stets als „loco protocolli" dienen und im übrigen ließe sich aus diesem Buch stets eine „copia" fertigen.

[237] Vgl. Klefeker Bd. V S. 275 ff.

[238] Vgl. Klefeker Bd. V S. 278 ff.; Schuback S. 190.

[239] Zur Vornahme der Sektionen mußte ein besonderer Auftrag des Prätors vorliegen. Schuback, S. 190, sagt, es sei die Pflicht des Prätors, bei verdächtigen Todesfällen sofort den Physiker und den Ratschirurgen mit der Besichtigung und Sektion des Toten zu beauftragen. Und Günther bemerkt in seiner Schrift „Allgemeine Grundsätze über die interimistische Verwaltung pp." vom Jahre 1798 unter II g (in der Akte „Medizinal-Ordnung 1" unter Nr. 77), die Sektion solle „immer einen speziellen Auftrag des Prätors erfordern"; ebenso Günther in der Anmerkung zu § 109 des Entwurfs einer neuen Medizinalordnung (a.a.O. No. 78). Gernet S. 306 vermutet, allerdings ohne Angabe von Gründen, das Gegenteil.

[240] Vgl. Klefeker Bd. XII S. 13.

[241] Die in der „Sammelmappe gerichtsärztlicher Gutachten" enthaltenen Physikergutachten sind nur teilweise von beiden Physikern gemeinsam unterschrieben.

25. Juli 1727 ist dort vermerkt[242], daß die Physiker Biester und Garbers sowie der Ratschirurg Leetz wegen der Besichtigung des Kindes „so Sprack soll mit dem Finger beschedigt haben" jeder einen Speziesthaler erhalten haben. Aus dem folgenden Jahre ist eine nicht näher datierte Rechnung der Ratshebamme Borchers unter den Belegen zu den Rechnungsheften desselben Prätors erhalten[243]. Diese Rechnung betrifft offensichtlich denselben Fall. Sie lautet: „Anno 1727 auff des präsidirenden Herrn Gerichtsverwalters ... Befehl, auf den Brauer Knecht Graben Ein Mehlhäckers Kind visitirt. Wegen N. Schrack ..." Danach hat das Gericht in diesem Fall vier Sachverständige zur Aufklärung des Tatbestandes in Anspruch genommen.

Die schriftlich erteilten Gutachten wurden, wenn sie im Rahmen der Inquisition angefordert waren, dem Senat vorgetragen[244]. Dieser entschied dann, ob das Gassenrecht zu halten, d. h. ob das Verfahren in Gang zu setzen sei[245]. Das Gutachten der Physiker wurde sodann ebenso wie der Wundbericht des Ratschirurgen zu den Prozeßakten genommen[246].

Während die Physiker und der Ratschirurg ihre Gutachten stets schriftlich abgaben, scheint die Ratshebamme ihre Gutachten mündlich zu Protokoll erklärt zu haben. Außer dem oben S. 50 f erwähnten gemeinsamen Gutachten des Ratschirurgen und der Ratshebamme ist nämlich ein Attest der Hebamme im Wortlaut nicht erhalten, und ferner sagen Schuback[247] wie Klefeker[248] übereinstimmend: „Wann eine Infanticidia ein Kind gebohren zu haben läugnen sollte, so wird die Raths-Bade-Mutter dazu gebraucht, selbige zu visitiren, deren Aussage dann *ad protocollum* gebracht wird." Dieses Verfahren ist durch den geringen Bildungsgrad der Ratshebamme zu erklären. Sie besaß weder die Fähigkeit, ein klares Gutachten selbständig zu formulieren, noch beherrschte sie überhaupt die Schreibkunst hinlänglich. Das ist jedenfalls für die Ratshebamme Borchers (um 1730) nachzuweisen. Die Rechnung, die sie im Jahre 1728 an den Prätor Pauli schickte[249], zeigt eine völlig ungeübte

---

[242] In der Akte „Präturrechnungen".

[243] In der Akte „Präturrechnungen"; in dem Rechnungsheft des Prätors wird diese Ausgabe für die Ratshebamme unter dem 27. Mai 1728 aufgeführt.

[244] Vgl. Klefeker Bd. III S. 487; Schuback S. 190, 222. Die Gutachten der „Sammelmappe gerichtsärztlicher Gutachten" tragen dementsprechend den Vermerk „lect. in Senat".

[245] Vgl. Klefeker Bd. V S. 279; Schuback S. 222. Daß die Praxis so verfuhr, ergibt sich aus der Relation in Sachen gegen Schmidt u. A. vom Jahre 1778 und in der Relation in Sachen gegen Ilsabe Halssen alias Kühl aus den Jahren ca. 1775—80, beide in der Akte „Kriminalrelationen I".

[246] Das ergibt sich übrigens auch aus der Akte „Fiskalische Klagen", die diese Berichte und Gutachten als Anlage zu den Anklageschriften aufführt.

[247] Schuback S. 190.

[248] Klefeker Bd. V S. 280. Die im Text angeführte Stelle ist von Klefeker wörtlich aus Schuback übernommen. Im gleichen Sinne wie S. 280 äußert sich Klefeker ferner Bd. V S. 296. Dort sagt er, die Beschuldigte würde „auf der Wehmutter Aussage, daß sie ein Kind getragen, in Arrest gebracht".

[249] Siehe oben.

Handschrift und ist im Text fehlerhaft und ungeschickt, während sie das Gutachten, das sie am 10. November 1733 gemeinsam mit dem Ratschirurgen erteilte[250], und das offensichtlich von diesem verfaßt wurde, lediglich mit den Anfangsbuchstaben ihres Namens „A. E. B." unterzeichnete. Der Ratschirurg aber fügte diesen Buchstaben die Bemerkung hinzu: „Anna Ehlisabet Borchers, ihr eigenhändiges Zeichen"[251].

Wenn nun diese Belege auch nur die Ratshebamme Borchers betreffen, so ist doch anzunehmen, daß in den Jahren vorher im Hinblick auf die allgemeinen Verhältnisse die Hebammen sicherlich keinen höheren Bildungsgrad besessen haben[252] und auch für die folgenden Jahre deutet nichts auf eine Besserung.

Nachdem das gerichtliche Verfahren eröffnet war, konnten sowohl der Fiskalis wie auch das Gericht und die Angeklagten bzw. die Privatkläger weitere medizinische Gutachten zur Stützung der Anklage oder zur Entlastung heranziehen.

Den geschilderten Gang des Verfahrens spiegeln die Sachberichte in mehreren Relationen über Strafverfahren am Ende des 18. Jahrhunderts[253]. Ein besonders anschauliches Beispiel gibt die Relation in Sachen Fiscalis gegen J. M. Schmidt u. A. vom Jahre 1778[254].

Der Bäckergeselle Heinrichs war von den Angeklagten in der Bäckerherberge überfallen und durch Schläge schwer verletzt worden. Er hatte nach dem Überfall noch die Kraft aufgebracht, sich in einem Zimmer der Herberge auf eine Bank zu legen. Dort war er am nächsten Morgen, dem 19. Juli, tot aufgefunden worden. Der Wirt der Herberge benachrichtigte sofort am Morgen den Ratschirurgen und die Prätoren. Noch am 19. Juli nahm der Ratschirurg eine äußerliche Besichtigung des Toten vor und berichtete an den Prätor, der Tote sei „schon etwas angelaufen gewesen, habe keine frischen Wunden, wohl aber einige contusions am Kopf und an der linken Seite gehabt. Solle übrigens etwa 50 Jahre alt, kränkl. Leibesbeschaffenheit u. dem Trunk ergeben gewesen sein. ..." Erst am 20. Juli erfolgte „die Sektion des Körpers in Gegenwart der Hn. Physicorum, jedoch ohne Beysein irgendeiner Gerichtsperson. Die Hn. Physici kommen in ihrem viso reperto so viel die Jahre u. Ungesundheit des Cadavers betrifft, mit dem Bericht des Chirurgi überein. Sie finden 1) am Kopf einige starke contusions u. eine Schnitt

[250] Vgl. oben S. 51.

[251] Gernet S. 267 f. will aus dieser Bemerkung schließen, daß die Ratshebamme nicht habe schreiben können. Das wird aber durch die oben S. 55 erwähnte Rechnung der Ratshebamme widerlegt, die offensichtlich von ihr selber geschrieben ist. Vgl. im übrigen zum Stande des Hebammenwesens dieser Zeit Gernet a.a.O.

[252] Im Jahre 1704 ist zwar in Hamburg eine Hebammenordnung erlassen worden. Offenbar hat sie aber keine grundlegende Änderung gebracht; vgl. Gernet S. 258, 265.

[253] In der Akte „Kriminalrelationen 1". Die Akte enthält übrigens mehrere Relationen, in denen Gutachten von Ärzten ausführlich exzerpiert sind.

[254] „Relation aus den Akten in S. Fiscalis als peinl. Anklägers c. J. M. Schmidt, wie auch M. A. Stüdemann, J. J. B. Roland und C. A. Willers, gefangene Inquisiten, u. peinl. Angeklagte." Siehe Anm. 253.

Wunde von 2 Zoll, die bis auf die äußere Hirnhaut gedrungen, jedoch ohne dieselbe zu verletzen, übrigens am ganzen Körper viel blaue Flecken und Quetschungen, 2) bei der Sektion keine Beschädigung der Knochen, Hirnschale und Eingeweide, desto mehr ausgetretenes Blut unter der Haut und Quetschungen, die bis auf die Knochen gingen. Sie urtheilen also 3), daß hierdurch eine weit ausgebreitete Stockung des Bluts entstanden, u. den Tod des (damals noch von aller Fäulung freyen) Menschen verursacht habe".

Am 25. Juli wurde darauf das Gassenrecht gehegt, indessen die Inquisition fortgesetzt und schließlich „erkannte Senatus den fiscalischen Prozeß gegen die 4 ersten" (d. h. die inhaftierten Angeschuldigten; unter ihnen war der Herbergswirt).

Der Verteidiger des angeklagten Wirts machte geltend, seinen Mandanten träfe kein Verschulden. Die Relation berichtet weiter über das Vorbringen des Verteidigers: „so nimmt er Gelegenheit, den Mangel eines hinlänglichen corporis delicti zu behaupten, 1) weil die Section des todten Körpers ohne Beysein einer Gerichtsperson geschehen sey, welches doch der 149. Art. der P. H. G. O. ausdrücklich verordnet, 2) weil der Bericht der Physicorum an sich sehr schwankend, der Tod des ohnehin kränklichen u. dem Trunk ergebenen Menschen nicht sowohl von den empfangenen Schlägen, als aus anderen Ursachen, insonderheit durch Verblutung aus der Kopfwunde erfolgen können ..."

Gegen diesen Angriff des Verteidigers wendet sich der Verfasser der Relation. Das Gutachten der Ärzte sei überzeugend. Die Anwesenheit eines Aktuars bei der Sektion sei in Hamburg nicht erforderlich, zumal „da doch alles auf die Kunsterfahrenheit der beeidigten medicorum ankomme". Partikulare Statuten und Observanzen gingen insoweit der P. H. G. O. vor. Und der Verfasser fügt hinzu: „noch nie hat einer auf die angeführte Weise eine Nullität im Verfahren zu behaupten gesucht. Ich halte also dafür, daß das hier vorkommende visum repertum völligen Glauben verdiene". Der Vorschlag geht dahin, die Angeklagten wegen Totschlages zu verurteilen.

5.

In der gemeinrechtlichen Praxis hatten sich im Laufe der Zeit bestimmte Regeln über den Beweiswert der ärztlichen Gutachten herausgebildet. Der Richter sollte an die medizinischen Schlußfolgerungen der Sachverständigen gebunden sein. Nur wenn er an der Verläßlichkeit des Gutachters zweifelte oder Mängel im Gutachten feststellte, konnte er weitere Ärzte hinzuziehen[255]. Andererseits wurden auch Einwände

[255] Kleinschrod in Arch. Bd. V Stück 3 § 11 S. 31; Quistorp Bd. III § 604 S. 219; Carpzow bemerkt in Pars I quaest. XXVI no. 24: „Super mortalitate igitur vulneris, et an vulneratus obierit ex vulnere illato, an non, Medicorum ac Chirurgorum judicio standum esse existimo. Tum, quod hoc judicium videatur potius ad medicam artem spectare, quam legalem scientiam. Tum, quod peritis in arte sua credendum sit." Diese Ansicht steht in bemerkenswertem Gegensatz zu dem Mißrauen, das etwa 150 Jahre früher Clarus den Ärzten entgegenengebracht hatte; vgl. oben S. 40.

des Angeklagten zugelassen. Er konnte Gegengutachten beibringen und im übrigen die persönliche Zuverlässigkeit des Sachverständigen in gleicher Weise angreifen wie die Glaubwürdigket von Zeugen[256].

Man wird aber nicht ohne weiteres annehmen dürfen, daß die hamburgische Praxis diese im gemeinen Recht entwickelten Grundsätze vorbehaltlos übernommen hat; denn die Gerichte haben hier auch sonst die einmal bestehenden Eigenarten streng aufrechterhalten. Es hat den Anschein, als ob der Richter in Hamburg das ärztliche Gutachten in völlig freier Beweiswürdigung wertete. Der Berichterstatter in dem oben Seite 45 mitgeteilten Strafverfahren gegen Lucas Wiegers aus dem Jahre 1747 erklärte bei der Ablehnung des Universitätsgutachtens über die geistige Zurechnungsfähigkeit des Angeklagten geradezu: „das arbitrium cognoscendi giebt einem Richter überhaupt die peinliche Halsgerichtsordnung Art. 79. Denn der Einholung der Verständigen gebraucht es bey uns nicht, sondern nur der discussion der Sache". Ob man diese Bemerkung für alle Fälle verallgemeinern darf, erscheint zweifelhaft. Aber immerhin zeigt sie, daß man nicht ohne weiteres aus dem gemeinen Recht Rückschlüsse auf das hamburgische Strafverfahren ziehen darf.

Vielleicht hängt es mit diesem in der angeführten Relation erkennbaren Vorbehalt gegenüber dem Wert der ärztlichen Gutachten zusammen, wenn in Hamburg zeitweilig die Gefahrtage oder dies critici bei der Beurteilung, ob eine Verletzung als tödlich anzusehen sei, berücksichtigt worden sind[257]. Die dies critici stellten eine — im gemeinen Recht nicht einheitlich begrenzte — Frist dar[258]: war der Verletzte gestorben, nachdem die Frist abgelaufen war, so stand ohne weitere ärztliche Untersuchung für den Richter fest, daß die Wunde nicht als tödlich angesehen werden konnte; war der Verletzte innerhalb der Frist gestorben, dann bestand dringender Verdacht, daß die Wunde tödlich gewesen war.

Hamburg hatte ursprünglich die Beachtung der Gefahrtage abgelehnt[259]. Aber Vegesack zitiert ein Verfahrensprotokoll vom

---

256 Kleinschrod in Arch. Bd. V Stück 3 § 6 S. 17; Quistorp Bd. III Art. 1 § 606 S. 229.

257 Clarus Lib V § homicidium no. 43/44 scheint jedenfalls die dies critici als ein Hilfsmittel anzusehen, mit dem der Richter sicherer die wahre Natur der Verletzung erkennen kann als durch die Gutachten der Ärzte.

258 Clarus Lib V § homicidium no. 44 nimmt eine Frist von 40 Tagen an. Carpzow sagt Pars I quaest. XXVI no. 19 über die dies critici: „de certo autem tempore minime conveniunt: Alii namque triduum constituunt, intra quod vulneratus ex vulnere obiisse praesumatur: Alii vero quinque: Alii octo dies: Alii etiam octo menses: Alii dies sexaginta: Alii annum: Alii triennium denominant . . .".

259 In der Langenbeckschen Glosse C zur Art. O. IV des Stadtrechts von 1497 heißt es bei Besprechung der Fahrwunde im Gegensatz zum hamburgischen Brauch: „auerst na lubsken rechte steidt de vare in den 14 dach. Darna bleue den leuendich ein gewundet minsche na lübschen rechte 14 dage vnde 1 quarter van einer stunde de dorfft nenen morth betheren sunder de wunden . . .". Der Konradinus (Glosse D) bespricht die Frage der Gefahrtage noch etwas ausführlicher in der Glosse zu Art. O. IV.

5. August 1729, in dem es heißt[260]: „... C et C Dno. Praetori[261] den Cornet Mörner, wenn die Gefahrtage vorbei und von dem Barbier die Gefahr abgeschrieben ... des Arrestes zu entlassen"; und Anderson[262] sagt in der Anmerkung zu Part I Tit. 3 Art. 4 des Stadtrechts von 1605: „Wenn die dies critici vorbei, oder keine Lethalität mehr zu besorgen, so wird die Gefahr wieder abgeschrieben vom Raths-Barbier auf vorgehabte Besichtigung." Klefeker dagegen spricht von dem dies critici so, als würden sie in der hamburgischen Praxis nicht beachtet[263]. Man kann daraus entnehmen, daß etwa seit der Mitte des 18. Jahrhunderts die Gefahrtage nicht mehr berücksichtigt worden sind.

Trotz der freien Stellung, die der Richter gegenüber dem ärztlichen Gutachten einnahm, hat er sich der Ansicht der hamburgischen Ärzte regelmäßig angeschlossen und seine Freiheit hauptsächlich bei der Ablehnung auswärtiger Gutachten betont[264].

Welche weittragenden Folgen mangelhafte und unvollständige Gutachten im Prozeß haben konnten, zeigt besonders eindringlich der von Klefeker mitgeteilte Fall der Katharina Scharenberg aus dem Jahre 1727[264]. Der Angeklagten wurde zur Last gelegt, sie habe ihr Kind heimlich geboren und getötet. In der Tortur hatte sie zugegeben, daß sie dem Kinde die Nabelschnur abgerissen hatte, behauptete aber hartnäckig, daß das Kind schon bei der Geburt nicht mehr gelebt habe. Die Physiker hatten in ihrem gerichtlichen Sachverständigengutachten lediglich aus der abgerissenen Nabelschnur gefolgert, daß das Kind sich daran verblutet habe; sie hatten aber weder eine Sektion vorgenommen, noch sonst irgendwelche Untersuchungen darüber angestellt, ob das Kind etwa tot zur Welt gekommen sei. Daher konnte, wie Klefeker berichtet, das Gutachten der Physiker keinen Beweis für den der Angeklagten zur Last gelegten Mord erbringen, und die Angeklagte blieb von der Todesstrafe verschont.

Die Physiker selber waren sich über die Bedeutung ihrer Gutachten im Strafprozeß durchaus im klaren. Als sie im Jahre 1749 eine Erhöhung ihrer Sektionsgebühren durchsetzen wollten, beriefen sie sich als Argument auf diese Tatsache. In ihrer Denkschrift an

---

[260] Zit. bei Lappenberg in Stadtrecht 1605 in der Anmerkung zu Part IV Art. 68.

[261] Die übliche Eingangsformel für derartige Beschlüsse des Obergerichts: „Conclusum et Commissum Domino Praetori . . .".

[262] Dr. Johann Anderson, Kommentar zum Stadtrecht von 1605; Anderson war von 1723—1743 Bürgermeister in Hamburg; vgl. Lappenberg in Stadtrecht 1605, Einl. S. 33 Ziffer 25. Johann Anderson ist nicht zu verwechseln mit Christian Daniel Anderson, seinem Enkel, der das Werk „Hamburgisches Privatrecht" verfaßte. Obiges Zitat nach Lappenberg in Stadtrecht 1605 Anm. zu Part I Tit. 3 Art. 4.

[263] Vgl. das oben S. 58 mitgeteilte Beispiel. In dem Verfahren gegen Elisabeth Dammanns vom Jahre 1586 wegen Kindestötung (in „Kriminalrelationen 1") leitet der Berichterstatter die Besprechung des ärztlichen Gutachtens mit den Worten ein: „Die über diesen Punkt alles entscheidenden Berichte der Physicorum . . ." Der Berichterstatter schließt sich dem Gutachten der Ärzte an, das in diesem Fall für die Angeklagte günstiger war als ihre eigene Bekundung.

[264] Klefeker Bd. V S. 497 ff.

den Rat schrieben sie[265]: „Die Versäumung ihrer anderen Geschäfte, die genaueste und sorgfältigste Erforschung eines jedweden Umstandes bey den Sectionen, der zu erduldende garstige Geruch bey den zum öfteren schon in der Verwesung begriffenen Cadaver, und die mit dem tiefsten Nachdenken zu entwerfende bündige Attestate, als worauf so vieles ankommt, und wodurch manchesmahl die Weitläufigkeit der fiskalischen Prozesse gehemmt, mithin der Kammer ein Großes an Unkosten erspart werden kann, sind gewiß die kräftigsten Beweggründe zur besseren Vergütung einer so höchst wichtigen als beschwerlichen Arbeit ..." Diese Bemühungen der Physiker haben dann im Jahre 1750 auch tatsächlich zu einer Erhöhung der Sektionsgebühr geführt[266].

---

[265] Bittschrift an den Syndikus Faber und den Verwalter der Kämmerei Kentzler ohne Datum und Unterschrift, mit dem Vermerk „Lect d. 10. Dez. 1749" und dem Inhalt nach von den Physikern herrührend, in der „Akte zum Physikergehalt". Vgl. im übrigen bei Gernet S. 308 ff.

[266] In der Akte zur „Medizinal-Ordnung 3" befindet sich unter Nr. 40 ein Schreiben der Ärzte Schultze und Rambach vom 20. XI. 1804, aus dem hervorgeht, daß der Wert der Gutachten mitunter durch die mangelnden Kenntnisse der Prätoren beeinträchtigt wurde. Die Ärzte sagen nämlich, die Wundberichte des Ratschirurgen sollten nicht nur an den Prätor, sondern auch an die Physiker geschickt werden, weil die Prätoren oft Kaufleute ohne genügende Sachkenntnis seien.

V. Die Reformen am Ende des 18. und zu Anfang des 19. Jahrhunderts.

1.

Gegen Ende des 18. Jahrhunderts hatte sich allgemein die Erkenntnis durchgesetzt, daß die Reformen des hamburgischen Medizinalwesens nicht länger mehr aufzuschieben waren. Insbesondere entsprach die Handhabung der gerichtlichen Medizin keineswegs den damaligen Erfordernissen der Praxis. Die gesetzliche Grundlage für die gerichtsärztliche Tätigkeit bildeten noch immer die Apotheken-Ordnung von 1638, die Bestimmungen des Stadtrechts von 1605 und die Eide der Physiker und des Ratschirurgen. Die Apotheken-Ordnung von 1711 hatte, wie schon erwähnt, keine Gesetzeskraft erlangt. Reformbestrebungen in den Jahren 1758—1769 hatten zu keinem Ergebnis geführt[267].

Als nun in den neunziger Jahren des 18. Jahrhunderts die Erledigung beider Physikatsstellen infolge hohen Alters der Physiker bevorstand, hielt man diese Gelegenheit für geeignet, das Physikat wie auch das Amt des Ratschirurgen neu zu ordnen und den Erfordernissen der Zeit anzupassen. Trotz der Dringlichkeit der Arbeiten kamen die Reformen in den ersten Jahren nur langsam voran. Man entschloß sich zunächst, die Physikatsgeschäfte vom Jahre 1796 an von zwei Ärzten neben ihrer freiberuflichen Tätigkeit verwalten zu lassen[268]. Diese Maßnahme führte zu einer weiteren Verschlechterung der Verhältnisse, da die Ärzte nur die dringendsten laufenden Geschäfte erledigen konnten. Dadurch wurde man genötigt, im Jahre 1804 das Physikat wieder zu besetzen. In den folgenden Jahren gerieten die Reformen dann erneut durch die unsicheren politischen Verhältnisse völlig ins Stocken[269]. Mit der Einverleibung Hamburgs in das französische Kaiserreich im Dezember 1810 verloren die Physiker ihre bisherige amtliche Stellung. Sie starben bald darauf beide; und das Physikat blieb auch nach der Befreiung Hamburgs noch bis zum Jahre 1818 unbesetzt[270]. Der in Hamburg mit der französischen Besetzung eingeführte Code Napoléon kannte das Institut der Gerichtsärzte nicht[271].

---

[267] Vgl. Gernet S. 326 ff.; v. Sienen in „Akte zur Medizinal-Ordnung 2“ Nr. 10.

[268] Vgl. Gernet S. 348.

[269] Die französischen Kriegszüge und besonders die 1806 verhängte Kontinentalsperre hatte den gesamten hamburgischen Handel vernichtet; vgl. Lahaine S. 94 ff.

[270] Gernet S. 354.

[271] Jacobj S. 149.

In der Zeit seit dem Jahre 1793 waren mehrere Entwürfe einer neuen Medizinalordnung ausgearbeitet worden, in denen auch die gerichtsärztliche Tätigkeit der Physiker und des Ratschirurgen behandelt wurde. Den ersten Entwurf verfaßte in den Jahren 1793 bis 1795 der Senator Günther [272]. Dieser Entwurf war bestimmend für die Zwischenlösung, die man im Jahre 1804 bei der erneuten Besetzung des Physikats wählte. Die Pflichten der Physiker wurden in einer Instruktion zusammengestellt[273]. Diese enthielt Vorschriften über die Besichtigung Verwundeter und Toter, die Ausführung der gerichtlichen Sektionen und die Erteilung von Berichten und Gutachten an den Prätor und die Gerichte. Im § 12 war besonders festgelegt, daß die gerichtlichen Gutachten der Physiker deutlich und mit Bestimmtheit abgefaßt sein sollten.

Am 10. Januar 1805 war auch eine Instruktion für den Ratschirurgen eingeführt worden, die das Gegenstück zu der Instruktion der Physiker darstellte[274]. In dieser Instruktion war dem Ratschirurgen in großer Ausführlichkeit vorgeschrieben, wie er sich bei den gerichtlich aufgetragenen Besichtigungen, Untersuchungen und Sektionen zu verhalten habe. Der Ratschirurg wurde den Physikern in seiner gesamten gerichtsärztlichen Tätigkeit untergeordnet[275]. Die ganzen Neuerungen entsprachen in ihren Grundzügen weitgehend der späteren endgültigen Regelung von 1818.

Die Einführung dieser Instruktionen war für Hamburg eine bedeutsame Neuerung. Zum erstenmal war damit der Versuch gemacht, die Tätigkeit der Stadtärzte auch als gerichtliche Sachverständige möglichst erschöpfend zu regeln[276]. Dadurch hatten die alten umständlichen Amtseide ihre Berechtigung verloren. Sie wurden in den Jahren 1804 und 1805 neu gefaßt und enthielten nur noch das Treugelöbnis gegenüber Rat und Stadt, die Versicherung pflichtgemäßer Amtsführung und der Befolgung der erlassenen sowie künftiger Instruktionen[277].

---

[272] Vgl. Gernet 2) S. 3.

[273] Die Instruktion ist enthalten in „Akten zur Medizinal-Ordnung 3" unter Nr. 7. Die Physiker verpflichteten sich durch eigenhändige Unterschrift unter der Instruktion zu ihrer Einhaltung; im Original erhalten in der „Akte zur Medizinal-Ordnung 3" unter Nr. 2.

[274] In der „Akte zur Medizinal-Ordnung 3" unter Nr. 62. VO.-Sammlung Bd. V (1818) S. 156.

[275] Vgl. Westphalen Bd. I S. 512. § 29 der Instruktion des Ratschirurgen von 1805 lautet: „Alle seine Gutachten sind bloß und allein dem Gutachten der Physiker unterworfen, und wird es ihm zur Pflicht gemacht, in allen nur irgend zweifelhaften Fällen kein entscheidendes Urtheil zu fällen, sondern eine weitere Untersuchung zu veranlassen."

[276] Die Anregung hierzu scheint von Syndikus von Sienen ausgegangen zu sein. In den „Akten zur Medizinal-Ordnung 1" befindet sich unter Nr. 10 ein Schriftstück von von Sienen in der Art eines Merkblattes; unter Ziffer 4 ist dort die Frage aufgeworfen: „ob nicht für die Physicos besondere Instructiones wegen aller ihrer Amtsverrichtungen entworfen und publicirt werden sollten".

[277] Der Physiker-Eid ist im Eidenbuch 5 auf S. 119 eingetragen und im Jahre 1804 von den damals in der Übergangszeit bestellten Physikern Schultze und Rambach geleistet worden. Im Entwurf war der Eid schon einige Zeit vorher fertig; vgl. „Akte zur Medizinal-Ordnung 3". Dieser Eid ist bei Einführung der Medizinal-

2.

Der von Senator Günther verfaßte Entwurf einer Medizinalordnung wurde von dem Physiker Rambach während seiner Amtszeit weiter vervollständigt. Der Senator Bartels benutzte diese Vorarbeiten, fügte selber einige Veränderungen ein und legte dann im Jahre 1816 dem Rat diesen Entwurf vor. Nach längeren Beratungen fand er die Zustimmung der gesetzgebenden Körperschaften und wurde unter dem 20. Februar 1818 mit dem Titel „Medizinal-Ordnung für die freye Hansestadt Hamburg und deren Gebiet" veröffentlicht und in Kraft gesetzt[278].

Durch diese Medizinalordnung mit den dazugehörigen Instruktionen waren jetzt die Voraussetzungen für eine vielfältige gerichtsärztliche Gutachtertätigkeit im Sinne unserer Gegenwart erfüllt. Wenn sich in der Folgezeit noch Mängel zeigten, so lag dies hauptsächlich an der Unzulänglichkeit einzelner Ärzte.

Die Stellung der Physiker als gerichtsärztliche Sachverständige war durch die Medizinalordnung gegenüber dem Zustand seit 1804 wenig verändert worden. Nach § 9 Abs. II[279] waren sie die berufenen gerichtsärztlichen Gutachter. Ihre Tätigkeit hat an Umfang in dieser Zeit außerordentlich zugenommen. Aus diesem Grunde wurde im Jahre 1833 in Erwägung gezogen, einen der Physiker allein mit den Aufgaben eines gerichtlichen Sachverständigen zu beauftragen[280].

Die neugefaßten Instruktionen der Physiker und des Ratschirurgen von 1818[281] brachten nichts wesentlich Neues mehr. Immerhin ist beachtenswert, wie die Stellung des Ratschirurgen wiederum zugunsten der Physiker Einbußen erlitt. Der Ratschirurg mußte nach § 2 der Instruktion von 1818 den Aufträgen der Physiker „vorkommenden Umständen nach" Folge leisten. War im § 29 der Instruktion des Ratschirurgen von 1805 angeordnet, daß der Chirurg in Zweifelsfällen ein Gutachten der Physiker veranlassen müsse, so sagte der § 29 der neuen Instruktion sehr viel kürzer und eindeutiger: „Alle seine Gutachten sind bloß und allein den Gutachten der Herren Physiker unterworfen, und darf er durchaus sich kein entscheidendes Urtheil anmaßen." Während der Ratschirurg nach § 22 der Instruk-

ordnung im Jahre 1818 mit einer Bezugnahme auf die Medizinalordnung versehen und im übrigen geringfügig geändert worden; der neu gefaßte Eid ist im Eidenbuch 5 S. 253 enthalten. — Der Eid des Ratschirurgen ist im Eidenbuch S. 121 eingetragen und im Jahre 1805 von dem schon seit 1798 im Amt befindlichen Ratschirurgen Steffens geleistet worden. Dieser Eid wurde übrigens im Jahre 1818 nicht geändert, sondern galt bis 1851 weiter.

[278] Abgedr. in VO.-Sammlung Bd. V (1818) S. 44 ff. Über den Gang der Verhandlungen geben die „Akten zur Medizinal-Ordnung 2" Auskunft.

[279] Ebenso auf Grund ihrer Instruktion von 1818; abgedr. in VO.-Sammlung Bd. V (1818) S. 143 ff.

[280] Vgl. Sitzungsprotokoll des Gesundheitsrats vom 30. Mai 1833 in „Protokolle 2".

[281] Für den Ratschirurg galt zunächst weiterhin die Instruktion vom Jahre 1805. Am Ende des Jahres 1818 wurde die neue Instruktion eingeführt; abgedr. in VO.-Sammlung Bd. V (1818) S. 334 ff. Die Instruktion der Physiker von 1818 stammte wie die Medizinal-Ordnung vom März des Jahres.

tion von 1805, entsprechend der alten Überlieferung, die gerichtlichen Sektionen ausführte, wurde laut § 22 der Instruktion von 1818 jetzt das wundärztliche Mitglied des Gesundheitsrats damit beauftragt, und der Ratschirurg wurde nur noch in Ausnahmefällen zu Sektionen herangezogen[282]. Ferner war der Ratschirurg im Gegensatz zu den Physikern auch nicht Mitglied des durch die Medizinal-Ordnung neu errichteten Gesundheitsrats[283].

Er scheint nur noch sehr selten neben seinen Berichten zur Gutachtenerteilung herangezogen worden zu sein. Jedenfalls ist in den „Kriminalprotokollen" des Rats von 1842—1859 wiederholt der Bericht, nirgends aber ein anderes Gutachten des Ratschirurgen vermerkt. Diese Annahme wird durch das Kriminalprotokoll des Rats vom 26. September 1842 bekräftigt[284]. Ein gewisser Kluth war an einer Verletzung gestorben. Der Ratschirurg hatte seinen Bericht geschrieben, der offenbar auf den Verdacht einer strafbaren Handlung aufmerksam gemacht hatte. Dieser Bericht war aber durch einen unteren Beamten nicht ordnungsmäßig weitergeleitet worden; und daher war kein Gutachten der Physiker angefordert worden. Statt nun jetzt eine gutachtliche Äußerung des Ratschirurgen nachzufordern, verfügte der Rat, daß die Physiker aus dem Bericht des Ratschirurgen, des behandelnden Arztes und aus der Krankengeschichte unter Hinzuziehung der Akten ein Gutachten über die Wahrscheinlichkeit der über die Todesursache aufgestellten Behauptungen abgeben sollten.

Der Tätigkeitsbereich der Ratshebamme ging mit der Einführung der Medizinal-Ordnung auf den Geburtshelfer über, einen besonders in der Geburtshilfe ausgebildeten Chirurgen, der dem Gesundheitsrat nach § 5 Abs. I Ziff. 5 angehörte. Er hatte gemäß seiner Instruktion[285] den Physikern in allen den Fällen zur Hand zu gehen, in denen früher die Ratshebamme ihre gerichtlichen Gutachten erteilte. Als selbständiger Gutachter war er nicht vorgesehen.

Eine bedeutsame Neuerung stellte die Einführung des chemischen Gutachtens dar. Grundsätzlich wurden nach § 9 Abs. II der Medizinalordnung auch diese Gutachten von den Physikern erteilt. Sie sollten aber den Apotheker als chemischen Sachverständigen hin-

[282] Vielleicht hängt diese Regelung mit der mangelnden Fertigkeit des gerade damals im Amt befindlichen Ratschirurgen zusammen. Das läßt sich daraus entnehmen, daß ihm im Jahre 1821 zur Pflicht gemacht wurde, an den gerichtlichen Obduktionen als Zuschauer teilzunehmen, damit er seine Kenntnisse vervollständige; vgl. Sitzungsprotokoll des Gesundheitsrats vom 22. Februar 1821 in „Protokolle 1".

[283] § 5 letzter Absatz der Medizinal-Ordnung. Der Gesundheitsrat war ein Kollegium, das unter Leitung eines Ratsherrn das gesamte Medizinalwesen in Hamburg überwachen sollte. Seine Befugnisse beschränkten sich auf die Erteilung von Ratschlägen. Nach § 5 der Medizinal-Ordnung gehörten dem Gesundheitsrat als Mitglieder neben den Physikern u. a. ein wissenschaftlich gebildeter Wundarzt, der „die Doktorwürde der Chirurgie" haben sollte, ein Geburtshelfer sowie ein Apotheker an.

[284] In „Kriminalprotokolle".

[285] Instruktionen vom März 1818; abgedr. in VO.-Sammlung Bd. V (1818) S. 152 ff.

zuziehen; und das Gericht konnte ihnen dies zur Pflicht machen. In der Instruktion für den zum Mitglied des Gesundheitsrats berufenen Apotheker[286] heißt es denn auch, daß er gemeinsam mit einem Physiker die Untersuchung „verdächtiger Substanzen bey Verdacht auf Vergiftung“ vorzunehmen habe.

3.

Die Aufgaben, die den Ärzten als gerichtliche Sachverständige gestellt wurden, waren jetzt äußerst mannigfaltig. Die ärztlichen Gutachten wurden überall dort eingeholt, wo sie der Aufklärung des Sachverhalts überhaupt dienlich sein konnten. Dieses Bild ergeben die ältesten aus dem 19. Jahrhundert erhaltenen Kriminalprotokolle[287]. So wurde im Jahre 1843 vom Rat ein Gutachten eines der Physiker darüber angefordert, „ob die Ermordung des Bruns mit einem Steine, in Berücksichtigung der vorgefundenen Kopfwunden desselben, als möglich anzunehmen ist“[288]. Im Jahre 1845 ließ sich der Rat ein Gutachten der Physiker erteilen, in dem sie zu der Frage Stellung nehmen sollten, ob der Beschuldigte nach seiner körperlichen Beschaffenheit fähig gewesen sei, den ihm zur Last gelegten Raubmord auszuführen[289]. Die Physiker wurden auch je nach dem Gang des Verfahrens mehrfach befragt, wenn neue Fragen auftauchten, oder die erteilten Gutachten nicht mehr vollständig erschienen. In einer Verfügung vom Jahre 1844 wurden beispielsweise dem einen der Physiker in der Untersuchungssache gegen Eller die Akten zugesandt mit dem Bemerken, er solle sein Gutachten ergänzen; dabei wurde dem Physiker „die spezielle Berücksichtigung der in den früheren Acten von Eller beigebrachten eventualiter nochmals chemisch zu analysirenden Pulver“ empfohlen[290]. Bei anderer Gelegenheit äußerten sich die Physiker auf Anfordern des Rats darüber, ob ein Abortivmittel hätte wirksam werden können[291], ob eine Kindesmörderin während der Geburt vermindert zurechnungsfähig gewesen sei[292] und dergleichen.

4.

Die Beispiele zeigen, daß die damalige Tätigkeit der Gerichtsärzte im wesentlichen schon dem heutigen Gebrauch entsprach. Damals aber fehlte vielfach die nötige Ausbildung der Ärzte.

a) Wiederholt wurden Anstrengungen gemacht, die Abfassung der Gutachten zu verbessern. In den Entwürfen zur Medizinal-

---

[286] Abgedr. im Anhang zur „Medizinal-Ordnung von 1818“ mit dem Datum vom März 1818 in der VO.-Sammlung Bd. V (1818) S. 154 ff.

[287] „Kriminalprotokolle“; sie beginnen mit dem Jahre 1842. Die älteren sind bei dem Hamburger Brand zerstört worden.

[288] In „Kriminalprotokolle“, Verfügung vom 18. August 1843. Ähnlich a.a.O. Verfügung vom 26. September 1842.

[289] In „Kriminalprotokolle“, Verfügung vom 17. September 1845.

[290] In „Kriminalprotokolle“, Verfügung vom 17. Januar 1844.

[291] In „Kriminalprotokolle“, Verfügung vom 14. April 1845, vom 18. Mai 1859.

[292] In „Kriminalprotokolle“, Verfügung vom 22. März 1844.

ordnung befinden sich mehrfach Vorschläge, wie künftig die ärztlichen Berichte und visa reperta beschaffen sein sollten. So sagte Günther in seinem Entwurf einer Medizinal-Ordnung von 1796 im § 109 Ziff. 3[293]: Das visum repertum solle das Resultat der Untersuchung in Form eines „medizinischen Urteils" mit „Entscheidungsgründen" enthalten. Wenn keine klare Entscheidung getroffen werden könne, müßten die Vermutungen mitgeteilt und begründet werden. Alle Kunstausdrücke wären zu übersetzen. Von Sienen forderte in seinem Entwurf zu einer Instruktion für die Physiker aus etwa der gleichen Zeit[294], das Gutachten müsse alle bei der Untersuchung vorgefundenen außergewöhnlichen Erscheinungen vermerken. Daraus müsse dargetan werden, auf welche Art die vorgefundene Verletzung vermutlich geschehen sei und mit welchem Instrument sie zugefügt worden sei. Schließlich müsse das Gutachten so abgefaßt werden, daß es der Absicht gerecht werde, derentwegen die Untersuchung angeordnet worden sei. In einem Brief vom 21. Februar 1798 schrieb Senator Günther an den Prätor Klefeker u. a., man müsse die Zeit während der Reformarbeiten an der Medizinalordnung nutzen und die künftigen Physiker, die damals das Physikat interimistisch verwalteten, „aufs rechte Gleis" bringen „in Ansehung besserer Einrichtung von visis repertis, obductionen, sectionen".

b) Von diesen Vorschlägen ist später in die vorläufigen Instruktionen von 1804 und 1805 nur wenig übernommen worden[295]. Eine genaue Anleitung zur Abfassung der Gutachten erkannte man wohl als unzweckmäßig. Statt dessen setzte man den Ärzten in ihren Instruktionen genau auseinander, worauf sie bei ihren Untersuchungen an Verwundeten, Toten, Geisteskranken usw. jeweils ihr besonderes Augenmerk richten sollten. Die gleiche Form wählte man bei der Neufassung von 1818, die sich in den gerichtsärztlichen Abschnitten nur wenig von den Instruktionen der Jahre 1804 und 1805 unterscheidet. Nur dem Ratschirurgen gab man im Jahre 1818 allgemeine Anweisungen über die Abfassung der Berichte und Gutachten[296]. Im § 19 seiner Instruktion wurden einige Formalien aufgezählt, die zunächst beim Aufbau beachtet werden sollten, z. B. Angaben über den Auftrag, den Auftraggeber, über Zeit und Ort der Untersuchung usw.; ferner wurde hervorgehoben, daß der „historische Theil des Berichts" eine genaue Schilderung über den

---

[293] In den „Akten zur Medizinal-Ordnung 1" unter Nr. 39.

[294] In den „Akten zur Medizinal-Ordnung 1" unter Nr. 10. Von Sienen bringt a.a.O. insbesondere auch Einzelheiten darüber, wie die Erteilung der Gutachten bei Sektionen gehandhabt werden soll. Er will vorschreiben, daß bei jeder Sektion alle drei Höhlen des Körpers geöffnet werden sollen.

[295] Eine derartige allgemeine Anweisung bringt z. B. die Instruktion der Physiker in § 12, wenn dort gesagt ist, „die visa reperta müssen deutlich und mit Bestimmtheit abgefaßt sein".

[296] Die Instruktion des Ratschirurgen von 1818 war durch den Gesundheitsrat unter Mitwirkung der Physiker ausgearbeitet worden; vgl. Sitzungsprotokoll des Gesundheitsrats vom 12. November 1818 in „Protokolle 1".

Gang der Untersuchung enthalten solle. Dabei müsse ein sorgfältiger Unterschied zwischen dem gemacht werden, „was die eigene Untersuchung selbst lehrt“ und dem, „was durch die Erzählung namentlich anzugebender Personen in Erfahrung gebracht wurde“.

Der Ratschirurg hatte in erster Linie dafür zu sorgen, daß von jedem ihm begegnenden medizinischen Sachverhalt, der „gerichtlich ist oder werden kann“, die Strafverfolgungsbehörde sofort benachrichtigt würde[297]. Er selber erhielt seine Kenntnis entweder bei seiner eigenen ärztlichen Tätigkeit oder durch die Barbiere, die durch § 54 der Medizinal-Ordnung erneut auf ihre Pflichten aus Part I Tit. 3 Art. 4 hingewiesen worden waren. In allen schweren Fällen mußte er außerdem sofort die Physiker benachrichtigen, damit sie ihre Untersuchungen rechtzeitig aufnehmen konnten[298]. In allen Einzelheiten war ihm vorgeschrieben, wie er sich bei seinen Untersuchungen zu verhalten und worauf er besonders zu achten habe. So sollte er bei der Besichtigung tot gefundener Kinder nicht nur die etwa bemerkten Spuren von Gewalttätigkeit feststellen, sondern auch untersuchen, ob das Kind neugeboren, ob es reif oder unreif und ob es lebensfähig war[299]. Vor allem war ihm zur Pflicht gemacht, für die Sicherung des Beweises zu sorgen und bei seinen Untersuchungen nichts zu unternehmen, was die Spuren eines etwa begangenen Verbrechens verwischen konnte[300].

Die Instruktionen der Physiker von 1804 und 1818 waren weit allgemeiner gehalten. Auch hierin zeigt sich ihr höheres Ansehen. In der Instruktion kam nicht eindeutig zum Ausdruck, ob die Physiker in allen Fällen gemeinsam ihr Gutachten abgeben mußten. Die Instruktion schrieb ihnen das eindeutig nur für die Sektionen und für die Untersuchung „Gemütskranker“ vor. Die einschlägige Bestimmung der Medizinal-Ordnung (§ 9) ließ für Zweifel Raum. Offenbar haben sich die Ärzte um diese Zweifel nicht gesorgt und bei ihrer Arbeitsfülle alle Gutachten allein abgegeben. In der Sitzung des Gesundheitsrats vom 27. Mai 1830 wurde jedenfalls die Feststellung getroffen, daß die Gutachten über Sektionen immer nur von einem der Physiker erteilt worden seien[301]. Dementsprechend wurde dann die Frage im Jahre 1830 gesetzlich durch Senatsbeschluß endgültig geklärt[302]. Künftig sollte in allen Fällen jeder Physiker allein als Gutachter tätig sein. Das Gericht konnte aber, wenn ihm das erteilte Gutachten nicht überzeugend erschien, entweder andere Sachverständige beauftragen oder über den Gesundheitsrat die Stellungnahme des zweiten Physikers herbeiführen.

---

[297] So § 3 der Instruktion vom November 1818.

[298] Z. B. §§ 8, 13, 18 der Instruktion von 1818 (November).

[299] § 12 der Instruktion von 1805 = § 13 der Instruktion von 1818 (November).

[300] Z. B. § 11 der Instruktion von 1818.

[301] „Protokolle 2.“

[302] Bekanntmachung vom 28. Juli 1830 in VO.-Sammlung Bd. XI (1829—31) S. 205 ff. und die ergänzende Bekanntmachung hierzu vom 17. Juni 1831, a.a.O. S. 380 ff.; vgl. hierzu den Bericht im Sitzungsprotokoll des Gesundheitsrats vom 30. Mai 1833 in „Protokolle 2“.

In der Instruktion der Physiker wurde neu angeordnet, daß bei allen Obduktionen ein Aktuar zugezogen werden müsse. Während aber früher die Anwesenheit eines Aktuars als Einschränkung der ärztlichen Befugnisse angesehen worden wäre[303], konnte sie jetzt nach dem Wortlaut der Instruktion nur als eine Erleichterung für die Physiker gelten; denn der Aktuar erschien lediglich als Schreiber, dem der Physiker das Opduktionsprotokoll „in die Feder dictirt".

Die Instruktion erlaubte den Physikern, vor Ausführung der aufgetragenen Sektionen „Erkundigungen einzuziehen" und darüber hinaus noch weitere Zeugenvernehmungen zu veranlassen, nachdem ihnen vorher schon das summarische Verhör mitgeteilt worden war. Diese Bestimmung ging auf einen Vorschlag von Rambach zurück[304] und war ähnlich schon in § 13 der Instruktion von 1804 enthalten. Vermutlich haben die Ärzte und insbesondere der Ratschirurg dieses Recht früher stets für sich in Anspruch genommen. Jedenfalls zeigt der § 19 der Instruktion des Ratschirurgen, daß solche Erkundigungen schon vor Erlaß der Instruktionen von 1818 häufig angestellt sein müssen.

Wie eben erwähnt, wurde den Physikern bei Obduktionen das summarische Verhör mitgeteilt. Man sollte meinen, daß den Ärzten regelmäßig vor Beginn ihrer Untersuchungen die Akten zugänglich gemacht worden seien. Das ist aber offenbar nicht der Fall gewesen; denn die Instruktion hätte sonst kein Wort darüber sagen brauchen, daß den Physikern außer bei den Sektionen auch bei den Untersuchungen über den Geisteszustand die Akten zur Einsicht gegeben werden sollten. Bezeichnenderweise wurde noch die Einschränkung gemacht, daß die Akten, „falls es nöthig ist", mitzuteilen seien. Immerhin zeigt sich auch hier das Bestreben, die Untersuchungsmethoden zu verbessern. Aus dem gleichen Beweggrunde wurde den Physikern zur Pflicht gemacht, ihre Gutachten über Geisteskranke in Zweifelsfällen nur nach mehrfachen Besuchen der Patienten zu erteilen.

Die Physiker konnten bei ihren Untersuchungen nach § 9 Abs. II der Medizinal-Ordnung einzelne Mitglieder des neu errichteten Gesundheitsrats hinzuziehen. Wenn die den Auftrag erteilende Behörde verlangte, daß die Gutachten in dieser Art erteilt wurden, hatten die Physiker Folge zu leisten. Der Gesundheitsrat selber war als gerichtsärztlicher Gutachter nicht vorgesehen[305]. In späterer Zeit ist er aber

[303] Das ergibt sich aus der Bemerkung Schubacks S. 191, Hamburg könne auf die Zuziehung eines Aktuars bei den Sektionen verzichten, weil es tüchtige Physiker besitze; ebenso Klefeker Bd. V S. 280.

[304] In den „Akten zur Medizinal-Ordnung 1" befindet sich ohne besondere Nummer ein Schreiben Rambachs vom 29. Juni 1804 an den Senator Bartels, in dem er diesen Vorschlag (§ 14 seines Entwurfs) verteidigt und bemerkt, daß zwar die preußische Kriminalprozeßordnung den Ärzten verbiete, von sich aus Erkundigungen einzuziehen, daß aber diese Bestimmung von Sachkennern befürwortet werde, weil sie oft ein Übersehen des corpus delicti verhindere.

[305] Der Entwurf von Senator Bartels hatte im § 8 zu den Aufgaben des Gesundheitsrats auch die „medizinische Rechtspflege" gezogen (in „Akten zur

von den Gerichten zur Erteilung von Gutachten herangezogen worden[306]. Dies geschah auf Grund der Bekanntmachung vom 28. Juli 1830.

Alle Sachverständigen, die neben den Physikern an der Untersuchung beteiligt waren, mußten nach ausdrücklicher Anordnung der Instruktion das Gutachten mit unterzeichnen. In der Regel mußten die Gutachten in drei Tagen fertiggestellt sein. Nur bei weitläufigen chemischen Untersuchungen und bei Untersuchungen Geisteskranker konnte den Physikern nach der ausdrücklichen Anordnung ihrer Instruktion „den Umständen nach" eine längere Frist gewährt werden.

c) Alle diese im Jahre 1818 geschaffenen Neuerungen auf dem Gebiet der gerichtlichen Medizin zeigen das Bestreben, das Verfahren bei der Gutachtenerteilung von seiner bisherigen Willkür zu lösen und dadurch den Gerichten gleichmäßig vollständige und brauchbare Gutachten zu verschaffen. Mit diesem Ziel hat auch der Gesundheitsrat in den folgenden Jahren wiederholt Besserungsvorschläge ausgearbeitet[307]. Beispielsweise wurden in einer Sitzung vom 20. Februar 1823 folgende Fragen festgelegt, nach denen sich die Ärzte in den gerichtlichen Sektionsgutachten richten sollten[308]:

„1) ob die Verletzung so beschaffen war, daß sie unbedingt und unter allen Umständen, in dem Alter des Verwundeten für sich allein den Tod zur Folge gehabt haben müsse?

2) ob sie in dem Alter des Verletzten nach dessen individueller Beschaffenheit, für sich allein den Tod herbeiführte?

3) ob sie in dem Alter des Verstorbenen entweder aus Mangel eines zur Heilung erforderlichen Umstandes; oder durch Zutritt einer äußerlichen Schädlichkeit den Tod zur Folge gehabt habe?"

Diese Bemühungen, in der Technik der Gutachtenerteilung weitere Verbesserungen zu erreichen, wurden wirksam dadurch unterstützt, daß damals bei den Ärzten das Interesse an der Anatomie wieder zunahm. In Hamburg war es besonders das wundärztliche Mitglied des Gesundheitsrats Dr. Fricke und der Physiker Dr. Gerson, die sich auf diesem Gebiete hervortaten. Der Gesundheitsrat sprach beiden im Jahre 1820 seinen Dank aus „für ihr ruhmvolles Bestreben, dem bey uns bisher so sehr vernachlässigten Theile der Heilkunst, der Anatomie und Wundarzneykunst, wieder empor und zu dem ihnen gebührenden Ansehen zu verhelfen" [309].

Medizinal-Ordnung 2" Nr. 27). Dort befindet sich eine Bemerkung von unbekannter Hand zu § 8 des Entwurfs, in der gegen die Übertragung gerichtsärztlicher Aufgaben an den Gesundheitsrat Stellung genommen wird.

306 Vgl. Protokoll vom 20. August 1847 in „Kriminalprotokolle". Die Verpflichtung des Gesundheitsrats zur Gutachtenerteilung war durch die Bekanntmachung vom 28. Juli 1830 begründet worden; vgl. oben S. 67 Anm. 302; vgl. auch Sitzungsprotokoll des Gesundheitsrats vom 28. April 1831 in „Protokolle 2".

307 Sitzungsprotokolle des Gesundheitsrats vom 19. Juli und 20. September 1821 in „Protokolle 1"; Sitzungsprotokoll vom 27. Mai, 21. Oktober 1830 und vom 28. April 1831 in „Protokolle 2".

308 In „Protokolle 1".

309 Sitzungsprotokoll des Gesundheitsrats vom 17. Februar 1820 in „Protokolle 1"; vgl. Gernet S. 256.

Offenbar hat aber damals dem Ratschirurgen immer noch die nötige Fertigkeit gefehlt, um den jetzt so hochgespannten Anforderungen gerecht werden zu können. Das geht aus dem Beschluß des Gesundheitsrats vom 22. Februar 1821 hervor[310], durch den der Ratschirurg Schott verpflichtet wurde, den Obduktionen des Wundarztes Fricke beizuwohnen. Schott sollte dadurch, wie der Gesundheitsrat sich ausdrückte, Gelegenheit erhalten, „im Obduktionsverfahren sich noch immer mehr zu vervollkommnen". Er war damals immerhin schon drei Jahre im Amt.

Beispielhaft für die damalige Entwicklung der gerichtlichen Medizin in Hamburg und für die Bemühungen, wirklich fähige Gerichtsärzte zu erhalten, ist die Prüfung der Physikatsanwärter im Jahre 1833. Sie war die erste Prüfung dieser Art in Hamburg. Ein mündliches Examen fand nicht statt. Die Anwärter mußten dafür „ex tempore" ein Gutachten nach einem Obduktionsprotokoll über ein ersticktes Kind anfertigen und ein weiteres Gutachten nach den lithographisch vervielfältigten Gerichtsakten über eine „im zweifelhaften Gemütsstand erfolgte Erstechung" vorlegen[311]. Die Prüfung erstreckte sich also ausschließlich auf die gerichtsärztlichen Fähigkeiten der Anwärter, obwohl die Physiker in ihrem Amt keineswegs nur als gerichtliche Gutachter tätig waren.

5.

Während nun mit Einführung der Medizinal-Ordnung und der Instruktionen von 1818 die entscheidende Wendung zu einer straff geregelten gerichtsärztlichen Gutachtertätigkeit erfolgt war, blieb das Strafverfahren, in dem die Gutachten ihre Aufgabe erfüllen sollten, von den Reformen in seinem völlig veralteten Aufbau fast unberührt. Noch immer gab es kein geschriebenes Verfahrensrecht[312]. Die nach dem Abzug der Franzosen aus Hamburg eingeleitete und im Dezember 1815 zum Abschluß gebrachte Justizreform[313] befaßte sich mit dem Strafverfahrensrecht nur in wenigen Einzelheiten und verzichtete auf eine vollständige Kodifizierung[314].

Seit dem Jahre 1814 waren dem Prätor die polizeilichen Amtsgeschäfte genommen und auf die neu errichtete Polizeibehörde über-

---

[310] Sitzungsprotokoll vom gleichen Tage in „Protokolle 1".

[311] Vgl. Sitzungsprotokoll des Gesundheitsrats vom 20. Juni 1833 in „Protokolle 3".

[312] Vgl. oben S. 8 Anm. 8.

[313] Rath- und Bürgerschluß vom 21. Dezember 1815 in VO.-Sammlung Bd. II (1815) S. 267 ff.; vgl. Westphalen Bd. I S. 267 ff.

[314] Die große Mangelhaftigkeit dieser Verhältnisse führte schließlich im Jahre 1843 zur Bildung eines Ausschusses, der u. a. das Verfahrensrecht erneuern und kodifizieren sollte; vgl. Westphalen Bd. I S. 272 f. Erst 1869 konnte die Strafprozeßordnung in Kraft gesetzt werden (in Gesetzsammlung Bd. V S. 55 ff. und Bekanntmachung vom 6. August 1869, a.a.O. S. 222 f.). Sie enthielt übrigens in den §§ 89—110 einige Bestimmungen über die ärztlichen Sachverständigen und ihre Pflichten.

tragen worden[315]. Damit erhielt die Polizeibehörde, d. h. der „Erste Polizeiherr", auch die bisher vom Prätor verwaltete Aufgabe, die ersten inquisitorischen Untersuchungen in Straffällen anzustellen[316]. Diese Veränderung hatte auf die Praxis wenig Einfluß. Der Prätor war mit Dienstgeschäften überlastet gewesen; aber die Polizeiherren waren es nach den Reformen von 1815 ebenso. Und genau wie der Prätor sah sich der Polizeiherr veranlaßt, die Untersuchung in Straffällen von unteren Beamten besorgen zu lassen[317].

Wichtiger war, daß beide Polizeiherren auf Grund der Medizinal-Ordnung Mitglieder des Geundheitsrats wurden und einer von ihnen dort ständig den Vorsitz führte[318]. Dadurch war diejenige Stelle, die in den meisten Fällen die ärztlichen Gutachten zuerst anforderte, mit dem Medizinalwesen und mit den ärztlichen Sachverständigen enger als bisher verbunden.

Auch die Polizeiherren betrieben die Untersuchungen in Straffällen unter Leitung des Rates in seiner Eigenschaft als Obergericht[319]. Wie im vorigen Jahrhundert entschied der Rat nach Abschluß der Voruntersuchung, wie das Verfahren weitergeführt werden sollte. Er ordnete die Einleitung des fiskalischen Prozesses an[320]. Daneben betrieb wie früher der Rat in vielen Fällen die Inquisition selber[321]. In den Kriminalprotokollen des Rats sind zahlreiche Beschlüsse enthalten, in denen auf dem Wege über den Polizeiherrn Gutachten der Physiker angefordert werden[322].

Das Verfahren war zu Anfang des 19. Jahrhunderts also gegenüber früher im wesentlichen unverändert geblieben. Dasselbe gilt

---

315 VO. vom 26. Mai 1814, VO.-Sammlung Bd. 1 (1814) S. 5.

316 Das Untersuchungsverfahren galt auf Grund alten Herkommens in Hamburg als Polizeiangelegenheit. Mit den polizeilichen Aufgaben ging daher ohne weiteres auch die Verpflichtung zur Anstellung der summarischen Untersuchungen auf den Ersten Polizeiherrn über; vgl. Redeker S. 99. Eine Übertragung dieser richterlichen Tätigkeit auf das Niedergericht wurde nach Jacobj S. 178 bei den Reformarbeiten 1815 nicht einmal zur Sprache gebracht. Übrigens setzte die Bürgerschaft es durch, daß die Übertragung der Polizeigeschäfte auf die beiden Polizeiherren in den folgenden Jahrzehnten nur immer für kurze Zeitabschnitte provisorisch geschah; vgl. z. B. VO. vom 15. Februar 1821 in VO.-Sammlung Bd. VII (1821—22) S. 16 ff. Erst 1869 erfolgte in dem Kompetenzgesetz vom 30. April (Ges.-Sammlung Bd. V S. 194 ff.) eine endgültige Regelung im Zusammenhang mit der damaligen Einführung der Strafprozeßordnung, die alle Untersuchungen in Strafsachen den Gerichten übertrug; vgl. auch Redeker S. 6 ff. u. 17 ff.

317 Vgl. Redeker S. 99; Westphalen Bd. I S. 268 mit Anm. ** dort. Ebenso Redeker S. 37 f., 45 und Neue Kriminalgesetzgebung S. 430 ff.

318 § 5 Abs. I Ziffer 1 Medizinal-Ordnung von 1818.

319 Vgl. Jacobj S. 178; Westphalen Bd. I S. 247, 250 ff., 268 ff.; Neue Kriminalgesetzgebung S. 430 ff.

320 Westphalen Bd. I S. 168 f.; Redeker S. 47. Übrigens wurde der Fiskalis erst bei den Reformen von 1869 durch den Staatsanwalt ersetzt; vgl. Einführungsgesetz zur Strafverfahrensordnung vom 30. April 1869, §§ 34 ff. in Ges.-Sammlung Bd. V S. 201 ff.

321 Vgl. Anm. 317.

322 In „Kriminalprotokolle". Im übrigen hatte die mangelnde Kodifizierung des Verfahrensrechts zur Folge, daß die Kompetenzen nicht vollständig festlagen; vgl. Neue Kriminalgesetzgebung S. 433 f.

auch von der Bewertung der Gutachten im Prozeß. In den erhaltenen Kriminalrelationen sind insoweit keine Neuerungen nachzuweisen. Die Häufigkeit der Gutachten und die Mannigfaltigkeit der den Gutachtern gestellten Aufgaben[323] läßt aber den Schluß zu, daß damals der Einfluß der Sachverständigengutachten im Verfahren praktisch von großer Bedeutung gewesen ist.

[323] Vgl. oben S. 65 f.

C. Schlußbemerkung.

Wenn man rückschauend die Entwicklung in Hamburg betrachtet, die von den Anfängen der gerichtsärztlichen Tätigkeit bis zu der ausführlichen gesetzlichen Regelung am Anfang des 19. Jahrhunderts führt, so fallen zwei Umstände besonders auf: Zunächst verdient die Tatsache Beachtung, daß Hamburg im Verhältnis zu anderen deutschen Städten schon sehr früh in seinem geschriebenen Recht das medizinische Sachverständigengutachten erwähnt; das Bemerkenswerteste aber liegt darin, daß die Entwicklung, von gelegentlichen Rückschlägen abgesehen, gradlinig bis an die Schwelle der Gegenwart verlaufen ist.

Zunächst war es der Ratsbarbier, der auf Grund seiner chirurgischen Kenntnisse als Sachverständiger zur Beurteilung der Wunden berufen war. Er maß und bezeichnete die Verletzungen nach altüberlieferter Art und nach feststehenden Begriffen. Mit Magister Peter Moring, der uns als die bedeutendste Persönlichkeit in seinem Amt begegnet, ist das Ende dieses ersten Zeitabschnitts erreicht. Bis dahin waren die Physiker nur in den verhältnismäßig seltenen Fällen als gerichtsärztliche Gutachter tätig geworden, wo der Kausalzusammenhang zwischen Verwundung und Tod besonders schwer nachweisbar erschien. Seitdem aber wuchs die Bedeutung der Physiker als Gutachter ständig, während der Ratschirurg in gleichem Maße zurücktrat, bis schließlich die Instruktion von 1818 ihm geradezu verbot, sich ein entscheidendes Urteil „anzumaßen"[324]. Der Beginn dieser Veränderung fällt zeitlich mit der Durchsetzung des Inquisitionsverfahrens zusammen. Die Ärzte halfen seitdem in erster Linie bei der Aufdeckung der Verbrechen, bei der Klärung des Verbrechensherganges und der medizinischen Zusammenhänge. Das ist ihre Aufgabe auch später geblieben. Die folgende Zeit brachte nur den gesetzlichen Ausbau und die wissenschaftliche medizinische Vervollkommnung.

---

[324] Vgl. oben S. 63.

Literaturverzeichnis.

A. Schrifttum und Gesetzessammlungen.

Anderson = Christian Daniel Anderson: Hamburgisches Privatrecht. Hamburg 1787.

Aretinus = Angelus de Aretio: Opus maleficiorum Angeli Aretini castigatum. Fol. Jacobus Giunta 1535.

Beneke = Otto Beneke: Von unehrlichen Leuten. 2. Auflage. Berlin 1889.

Bilderhandschrift 1497 = Die Bilderhandschrift des Hamburgischen Stadtrechts von 1497, hrsg. v. d. Ges. d. Bücherfreunde zu Hamburg 1917 mit einem Vorwort und einem niederdeutschen Wörterbuch von Heinrich Reincke. Hamburg 1917.

Bohne = Gotthold Bohne: Die gerichtliche Medizin im italienischen Statutarrecht des 13.—16. Jahrhunderts, in Vierteljahresschr. f. gerichtl. Medizin u. öff. Sanitätswesen,. III. Folge, Bd. 61 (1921) S. 66 ff. u. S. 238 ff. Berlin 1921.

Brunner = Heinrich Brunner: Deutsche Rechtsgeschichte. Bd. II. Leipzig 1892.

Buchner = Ernst Buchner: Lehrbuch der gerichtlichen Medizin für Ärzte und Juristen. München 1867.

Carpzow = Benedicti Carpzovii: Practica nova rerum Criminalium imperialis Saxonica in tres partes divisa. Lipsiae 1709.

Clarus = Julii Clari Alexandrini iuris consulti Opera omnia sive practica civilis atque criminalis. Genevae 1666.

Corpus iuris canonici = Corpus iuris canonici emendatum et notis illustratum. Gregorii XIII. pontif. max. iussu editum. Basileae 1665.

Corpus iuris = Corpus iuris civilis, herausgegeben von Paul Krüger. Berlin 1911.

von Daniels und von Gruben = A. v. Daniels und Fr. v. Gruben: Das Sächsische Weichbildrecht, in Rechtsdenkmäler des deutschen Mittelalters Bd. I. Berlin 1858.

Ebeling = Albert Ebeling: Beiträge zur Geschichte der Freiheitsstrafe, in Strafrechtliche Abhandlungen Heft 355. Breslau/Neukirch 1935.

Eckardt 1) = Karl August Eckardt: Die Gesetze des Merowingerreichs 481—714, in der Sammlg. Schriften d. Akad. f. dtsch. Recht, Gruppe Rechtsgeschichte. Germanenrechte Bd. I. Weimar 1935.

Eckardt 2) = Karl August Eckardt: Die Gesetze des Karolingerreichs 714—911, in Sammlg. Schriften d. Akad. f. dtsch. Recht, Gruppe Rechtsgeschichte. Germanenrechte Bd. II. Weimar 1934.

Geib = Gustav Geib: Geschichte des römischen Criminalprozesses bis zum Tode Justinians. Leipzig 1842.

Gernet 1) = Physikus Gernet: Mitteilungen aus der älteren Medicinalgeschichte Hamburgs. Hamburg 1869.

Gernet 2) = Physikus Gernet: Geschichte des Hamburgischen Landphysikats von 1818—1871. Hamburg 1884.

Gesetzsammlung = Gesetzsammlung der Freien und Hansestadt Hamburg.

Gigas = Johannes Gigas: Sachsenspiegel corrigirt auff's New, enthaltend u. a.:
Stück VI Urteile der Schöffen zu Magdeburg.
Stück VII viel bewerter proceß auff lehen, peinlich vnd bürglich gericht, an stat des Richtsteigs gesatzt.
Stück VIII Urteile der Schöffen zu Leipzig.
Leipzig 1539.

Grieß = J. K. Grieß: Kommentar zum hamburgischen Stadtrecht von 1603. Hamburg 1837.

Gründel = Hans Gründel, Fritz Hartung, Heinrich Lingemann, Emil Niethammer: Die Strafprozeßordnung für das Deutsche Reich vom 22. März 1924. 19. völlig umgearbeitete Auflage des Kommentars von Löwe, Hellweg, Rosenberg. Leipzig 1934.

Hach = Johann Friedrich Hach: Das alte Lübische Recht. Lübeck 1839.

Harnack = Erich Harnack: Die gerichtliche Medizin mit Einschluß der gerichtlichen Psychiatrie und der gerichtlichen Beurteilung von Versicherung und Unfallsachen. Leipzig 1914.

Hennings = Elsa Hennings: Das Hamburgische Strafrecht im 15. und 16. Jahrhundert und seine Verwirklichung. Hamburg 1940.

Hildebrand = Heinrich Hildebrand: Gerichtliche Medizin. Berlin 1932.

Hippel 1) = Robert v. Hippel: Lehrbuch des Strafrechts. Berlin 1932.

Hippel 2) = Robert v. Hippel: Deutsches Strafrecht, Bd. I. Berlin 1925.

His 1) = Rudolf His: Das Strafrecht der Friesen im Mittelalter. Leipzig 1901.

His 2) = Rudolf His: Geschichte des deutschen Strafrechts bis zur Karolina. München-Berlin 1928.

Holdefleiß = Erich Holdefleiß: Der Augenscheinsbeweis im mittelalterlichen deutschen Strafverfahren, dargestellt nach den Quellen des Magdeburger Rechtskreises. Stuttgart 1933.

Jacobj = D. H. Jacobj: Geschichte des Hamburger Niedergerichts. Hamburg 1866.

Kantorowicz = Hermann U. Kantorowicz: Albertus Gandinus und das Strafrecht der Scholastik. Bd. I. Berlin 1907; Bd. II. Berlin und Leipzig 1926.

Klefeker = Sammlung der hamburgischen Gesetze und Verfassungen in Bürger- und Kirchlichen, auch Cammer-Handlungs- und übrigen Policey-Angelegenheiten und Geschäften samt historischen Einleitungen. Hamburg 1773.

Kleinschrod = Gallus Aloys Kleinschrod: Über den Beweis durch Augenschein und Kunstverständige, in Arch. d. Krim. Rechts Bd. V, Stück 3 und Bd. VI Stück 1. Halle 1804, 1805.

Klenze = C. A. C. Klenze: Lehrbuch des Strafverfahrens, ein Grundriß aus den Quellen des römischen, canonischen und germanischen Rechts. Berlin 1836.

Koppmann = Karl Koppmann: Kämmereirechnungen der Stadt Hamburg. Bd. I und II. Hamburg 1869.

Kreß = Johannis Paulli Kressii: Comentatio in Constitutionem Criminalem Caroli V. Imperatores. Hannoverae 1760.

Lahaine = Ludwig Lahaine u. Rudolf Schmidt: Hamburg, das deutsche Tor zur Welt. Hamburg 1936.

Lappenberg = J. M. Lappenberg: Die ältesten Stadt-, Schiff- und Landrechte Hamburgs. Hamburg 1845.

Lünig = Johann Christian Lünig: Des Teutschen Reichs-Archivs Partis Specialis. Bd. IV. Leipzig 1714.

Mandatensammlung = Sammlung der von E. Hochedlen Rathe der Stadt Hamburg ausgegangenen allgemeinen Mandate pp. Bd. I—VI. Hamburg 1763—1774.

Mende = L. J. C. Mende: Ausführliches Handbuch der gerichtlichen Medizin für Gesetzgeber, Rechtsgelehrte, Ärzte und Wundärzte. Leipzig 1819.

Metzger = Edmund Metzger: Der psychiatrische Sachverständige im Prozeß. Tübingen 1918.

Michaelis = Johann David Michaelis: Mosaisches Recht. V. Teil. Frankfrut 1780.

Michelsen = A. L. I. Michelsen: Der ehemalige Oberhof zu Lübeck und seine Rechtssprüche. Altona 1839.

Mitteilungen = Mitteilungen des Vereins für Hamburgische Geschichte, hrsg. von Karl Koppmann, Hamburg.

Monum. Germ. hist. = Monumenta Germaniae historica, leges nationum germanicarum, Tomi V pars I leges Alamannorum, edidit Societas aperiendis fontibus rerum germanicarum medii aevi. Hannoverae 1888.

Nachtrag zum Verfassungsabdruck = Nachtrag zum neuen Abdruck der vier Haupt-Grundgesetze der Hamburgischen Verfassung (Bartels). Hamburg 1829.

Neue Kriminalgesetzgebung = Neue Criminalgesetzgebung in Hamburg von H...r; Aufsatz in Neues Archiv des Criminalrechts. Bd. VI S. 403 ff. Halle 1824.

v. Neureiter 1) = Ferdinand v. Neureiter: Anfänge gerichtlicher Medizin nach den Stadtrechten des deutschen Mittelalters, in Dtsch. Ztschr. f. die ges. gerichtliche Medizin, Sonderabdruck aus 24. Band, 1. Heft. Berlin 1934.

v. Neureiter 2) = Ferdinand v. Neureiter: Beispiele gerichtlich-medizinischer Befundberichte aus Altertum und Mittelalter, Sonderabdruck aus der Wiener Medizinischen Wochenschrift Nr. 3, 1937. Wien 1937.

Nirrnheim = Hans Nirrnheim: Kämmereirechnungen der Stadt Hamburg 1350—1400, Nachträge und Register. Hamburg 1939.

Planck = J. W. Planck: Das deutsche Gerichtsverfahren im Mittelalter. Bd. I und II. Braunschweig 1879.

Quistorp = Johann Christian Edlen von Quistorp: Grundsätze des teutschen Peinlichen Rechts. 6. Ausgabe. Leipzig, Rostock u. Schwerin 1821.

Redeker = Heinrich Redeker: Die Reorganisation der Hamburgischen Polizei im 19 Jahrhundert. Diss. Hamburg 1932.

Reincke = J. J. Reincke: Das Medizinalwesen des hamburgischen Staates. Hamburg 1900.

Reuter = Fritz Reuter: Lehrbuch der gerichtlichen Medizin. Berlin u. Wien 1933.

Savigny = Friedrich Carl v. Savigny: Geschichte des Römischen Rechts im Mittelalter. 2. Ausgabe. Heidelberg 1850.

Schoetensack = August Schoetensack: Der Strafprozeß der Karolina. Leipzig 1904.

Schrader = Friedrich Nicolaus Schrader: Das hamburgische Collegium medicum und der ärztliche Verein in Hamburg. Hamburg 1840.

Schwerin = Claudius Freiherr v. Schwerin: Schwedische Rechte, alteres Westgötalag, Uplandslag, in der Sammlung Schriften d. Akad. f. dtsch. Recht, Gruppe Rechtsgeschichte, Germanenrechte. Bd. VII. Weimar 1935.

Stadtrecht 1605 = Der Stadt Hamburg Gerichtsordnung und Statuta, herausgegeben auf Veranlassung des Vereins für Hamburgische Geschichte von J. M. Lappenberg mit einer Einleitung von Lappenberg. Hamburg 1842.

Stobbe = O. Stobbe: Geschichte der deutschen Rechtsquellen. Bd. I. Leipzig 1860.

Thesaurus = Thesaurus iuris provincialis et statutarii illustrati Germanice, Bd. I (1. u. 2. Abt.); Das Statutarische Recht der Kayserlichen Freyen Reichs-Stadt Hamburg, hrsg. von B. C. H. N. S. Gießen 1756.

Tratziger = Tratziger: Chronika der Stadt Hamburg, hrsg. von I. M. Lappenberg. Hamburg 1865.

Trummer = C. Trummer: Vorträge über Hexenverfolgung, Vehmgerichte und andere merkwürdige Erscheinungen in der hamburgischen Rechtsgeschichte. Bd. I. Hamburg 1844.

Trummer = C. Trummer: Vorträge über merkwürdige Erscheinungen der Hamburgischen Rechtsgeschichte. Bd. II, III. Hamburg 1847, 1850.

Voigt = Moritz Voigt: Die XII Tafeln, Geschichte und System des Civil- und Criminalrechts, wie -prozesses der XII Tafeln nebst deren Fragmenten. Bd. I u. II. Leipzig 1883.

VO.-Sammlung = Sammlung der Verordnungen der freyen Hanse-Stadt Hamburg (seit 1814).

Westphalen = N. A. Westphalen: Hamburgs Verfassung und Verwaltung in ihrer allmähligen Entwicklung bis auf die neueste Zeit. Bd. I u. II, 2. Aufl. Hamburg 1846.

Winckler = Hugo Winckler: Die Gesetze Hammurabis. 2. Aufl. Leipzig 1903.

Zeitschrift = Zeitschrift des Vereins für Hamburgische Geschichte. Hamburg.

Zoepfel = Heinrich Zoepfel: Die Peinliche Gerichtsordnung Kaiser Karls V. nebst der Bamberger und der Brandenburger Halsgerichtsordnung. 2. Ausgabe. Leipzig-Heidelberg 1876.

B. Archivalien.

Bezeichnung	Standort
Akten über das collegium medicum = Akten über das Ao. 1635 geplante collegium medicum	Archiv der Hansestadt Hamburg Cl. VII, Lit. Lb, No. 1, Vol. 2.
Akten zum Physikergehalt = Vernehmung D. H. Ehn. Physicorum Gehalt in pto. Section Cadaver 1748—1749	ebendort Cl. VII- Lit. Mb, No. 1, Vol. 1 a 1, Fasc. 5
Akten zur Medizinalordnung 1) = Acta, die auf Veranlassung des erledigten Physikats beliebte gänzliche Revision der Medizinalpolizey betreffend 1795—1804	ebendort Cl. VII, Lit. Mb, No. 1, Vol. 1 a 2.
Akten zur Medizinalordnung 2) = Acta betr. die Errichtung und Einführung der durch Rath- und Bürger-Schluß vom 19. Februar 1818 beliebten und am 20. ej. m. et a. publicirten Medizinal Ordnung für die freie Hansestadt Hamburg und und deren Gebiet — mit anliegenden Eyden — Instructionen und Schragen der Herrn Physicorum und übrigen Medicinalpersonen 1816—1825	ebendort Cl. VII, Lit. Lb, No. 23 a, Vol. 1.
Akten zur Medizinalordnung 3) = Acta die Wiederbesetzung der Physicat-Stellen und der Stelle des Raths-Chirurgi betreffend. 1804 et 1805	ebendort Cl. VII, Lit. Mb, No. 1, Vol. 1 a 3.
Akte zur Justizreform = Varia privata et publica von Verbesserung der Justiz und hamburgischen Gerichtsordnung (17. Jahrhundert)	ebendort Cl. VII, Lit. Ma, No. 2, Vol. 1.
Apothekenordnung = Apotecken Ordnung vnd Tax der Stadt Hamburgk pp. Ao. 1586 den 3. Nouemb.	ebendort Cl. VII, Lit. Lb, No. 1, Vol. 1.
Eidenbuch 1) = Eidenbuch 1565—1611	ebendort Cl. VII, Lit. La, No. 4, Vol. 1 a.
Eidenbuch 2) = Eyd-Buch subjecto Indice Juramentorum nebst Verzeichnis derer, die den Eid abgestattet haben. a. 1604 ad 1675	ebendort Cl. VII, Lit. La, No. 4, Vol. 1 b.

Bezeichnung	Standort
Eidenbuch 3) = Eyd-Buch und Verzeichnis derer, die den Eid abgestattet haben a. 1627 ad 1675 („rotes Eidenbuch")	ebendort Cl. VII, Lit. La, No. 4, Vol. 1 c.
Eidenbuch 4) = Eide und Bestallungen, Eidenprotokoll in braun. Lederband von 1605—1853 (braunes Eidenbuch) .	ebendort Cl. VII, Lit. La, No. 4, Vol. 1 d.
Eidenbuch 5) = Eidenbuch 1789—1890	ebendort Cl. VII, Lit. La, No. 4, Vol. 1 e.
Eidenbuch 6) = Eidenbuch 1845—1883	ebendort Cl. VII, Lit. La, No. 4, Vol. 1 f.
Fehmeakte 1) = Fehmeakten Marquard gegen Reincken (1472)	ebendort Cl. VII, Lit. Ma, No. 1, Vol. 4.
Fehmeakte 2) = Fehmeakten Munther gegen Heyders (1461/62)	ebendort Cl. VII, Lit. Ma, No. 1, Vol. 5.
Fehmeakte 3) = Fehmeakte in Sachen Beckers genannt Smedincks (1467)	ebendort Cl. VII, Lit. Ma, No. 1, Vol. 6.
Fiskalische Klagen = Fiskalische Klagen in criminalibus 1767—1777	ebendort Cl. VII, Lit. Ma, No. 9, Vol. 3 c.
Glosse A¹ = Langenbecksche Glosse A zum ham-hamburgischen Stadtrecht von 1497	Commerz-Bibliothek alte Bezeichnung: Nr. 115 neue Bezeichnung: $H \frac{458}{7} 2^0$
Glosse A² = Langenbecksche Glosse zum hamburgischen Stadtrecht von 1497 .	ebendort alte Bezeichnung: Nr. 109 neue Bezeichnung: $H \frac{459}{1} 2^0$
Glosse C = Langenbecksche Glosse zum hamburgischen Stadtrecht von 1497 .	ebendort alte Bezeichnung: Nr. 104 neue Bezeichnung: $H \frac{458}{8} 2^0$
Glosse D = Langenbecksche Glosse zum hamburgischen Stadtrecht von 1497 (Konradinus)	ebendort alte Bezeichnung: Nr. 105 neue Bezeichnung: $H \frac{458}{6} 2^0$

Bezeichnung	Standort
Kriminalprotokolle = E. H. Rats Criminal Protokoll 1842—1859	Archiv der Hansestadt Hamburg Cl. VIII, No. X c (1—7).
Kriminalrelationen 1) = Einundzwanzig Criminal-Relationen von Senator Bausch Dr. 1778 bis 1809	ebendort Cl. VII, Lit. Ma, No. 9, Vol. 4.
Kriminalrelationen 2) = Relationen in Kriminalfällen, worüber keine Acten ad Archivum gegeben (1793—1815)	ebendort Cl. VII, Lit. Ma, No. 9, Vol. 3 b.
Präturrechnungen = Präturrechnungen verschiedener Prätoren von 1568 bis 1730 . . .	ebendort Cl. VII, Lit. Ma, No. 5, Vol. 3 c.
Protokolle 1) = Protokolle des Gesundheitsrats 1818—1825	ebendort Cl. VIII, No. XV, Vol. I.
Protokolle 2) = Protokolle des Gesundheisrats 1826—1846	ebendort Cl. VIII, No. XV, Vol. II a.
Protokolle 3) = Protokolle des Gesundheitsrats 1826—1846 (enthaltend Doppel zu „Protokolle ?)“ sowie verschiedene andere Schriftstücke)	ebendort Cl. VIII, No. XV, Vol. II b.
Protokolle 4) = Protokolle des Gesundheitsrats 1847—1853	ebendort Cl. VIII, No. XV, Vol. IV.
Sammelmappe gerichtsärztlicher Gutachten = Amtliche Attestate der Physici u. Chirurgen 1642—1776	ebendort Cl. VII, Lit. Mb, No. 1, Vol. 1 a 1, Fasc. 3.
Schuback = des 1748/1749 gewesenen Herrn Praetoris und nachmaligen Bürgermeister Herrn Nicolai Schuback ausführliche Nachricht vom Amte des Herrn Praetoris, in Originali .	ebendort Cl. VII, Lit. Ma, No. 5, Vol. 3 d 3.
Urteilsbuch 1) = Urteilsbuch des Niedergerichts von 1607/10	Archiv der Hansestadt Hamburg Cl. VII, Lit. Ma, No. 5, Vol. 4 a 2.
Urteilsbuch 2) = Urteilsbuch des Niedergerichts von 1640—1646	Cl. VII, Lit. Ma, No. 5, Vol. 4 a 3.

Von den „Hamburger Rechtsstudien“ sind noch erhältlich:

Heft 4: Die Gewinnversicherung. Von Dr. Helmut Winkler. Groß-Oktav. 31 Seiten. 1930. RM 1.80

Heft 5: Der Konnossement-Teilschein. Von Dr. Heinz Behlert. Groß-Oktav. 79 Seiten. 1930. RM 4.50

Heft 6: Die Order-Police. Von Dr. Alexander N. Tsirintanis. Groß-Oktav. 95 Seiten. 1930. RM 5.40

Heft 9: Die guten Sitten in der arbeitsrechtlichen Rechtsprechung nach dem Kriege. Von Dr. Fritz Oettinger. Groß-Oktav. 84 Seiten. 1931. RM 4.50

Heft 10: Wandlung und Minderung bei einer Mehrheit von Käufern oder Verkäufern. Von Dr. Hans Wogatzky. Groß-Oktav. 115 Seiten. 1931. RM 6.—

Heft 15: Die Speditionsversicherung in den Allgemeinen Deutschen Spediteurbedingungen. Von Dr. Willi Schiering. Groß-Oktav. 74 Seiten. 1932. RM 4.—

Heft 16: Quellenkritische Studien zur Bessergebotsklausel (in diem addictio) im römischen Kaufrecht. Von Dr. jur. Harald Sieg. Groß-Oktav. 43 Seiten. 1933. RM 3.—

Heft 17: Kostfrachtgeschäft und laufende Versicherung. Von Dr. jur. Detlev Himer. Groß-Oktav. 42 Seiten. 1933. RM 3.—

Heft 18: Acatholicus. Eine Untersuchung über die Stellung der Ungetauften und der Apostaten, Häretiker und Schismatiker sowie der sonstigen exkommunizierten Christen im geltenden kanonischen Recht. Von Dr. Walter Bohm. Groß-Oktav. 59 Seiten. 1933. RM 3.—

Heft 19: Beiträge zur Lehre von den subjektiven Unrechtselementen im Strafrecht. Von Dr. Rudolf Sieverts. Groß-Oktav. 240 Seiten. 1934. RM 10.—

Heft 20: Die vorvertragliche Anzeigepflicht des Versicherungsnehmers. Von Dr. Klaus Koops. Groß-Oktav. 52 Seiten. 1934. RM 3.—

Heft 21: Das Zustandekommen des Versicherungsvertrages, eine rechtsvergleichende Darstellung. Von Dr. Heinz Hagemann. Groß-Oktav. 68 Seiten. 1934. RM 4.—

Heft 22: Grundsätze der versicherungsrechtlichen Vorteilsausgleichung. Von Dr. Günther Schultz. Groß-Oktav. 69 Seiten. 1934. RM 4.—

Heft 23: Die Abtretung von Forderungen aus gegenseitigen Verträgen. Von Dr. Walter Brügmann. Groß-Oktav. XVI und 110 Seiten. 1934. RM 5.—

Heft 24: Die Stellung des geschädigten Dritten in der Haftpflichtversicherung Von Dr. Rolf Senger. Groß-Oktav. 68 Seiten. RM 4.—

Heft 25: Neuwertversicherung. Von Dr. Heinz Wahren. Groß-Oktav. 90 Seiten. 1935. RM 4.50

Heft 26: Der Grundsatz des wohlerworbenen Rechts im internationalen Privatrecht, Geschichte und Kritik. Von Dr. Horst Müller. Groß-Oktav. 348 Seiten. 1935. RM 12.—

Heft 27: Die Risikobeschränkungen. Von Dr. Harald Lötsch. Groß-Oktav. 68 Seiten. 1935. RM 4.—

Heft 28: Ernst Ferdinand Klein's Auffassung von der Strafe und den sichernden Maßnahmen. Von Dr. Helmut Mumme. Groß-Oktav. 56 Seiten. 1936. RM 3.—

FSC
www.fsc.org
MIX
Papier | Fördert
gute Waldnutzung
FSC® C083411

Kolibri 360 GmbH
Ferdinand-Jühlke-Straße 7
99095 Erfurt, Deutschland
produktsicherheit@kolibri360.de